又見彩虹

許其正 著

文 學 叢 刊

文史哲出版社印行

國家圖書館出版品預行編目資料

又見彩虹/ 許其正著. -- 初版 --臺北市：文史
哲，民 108.06
　　頁；　公分. -- （文學叢刊；407）
ISBN 978 986 314 470-0 （平裝）

863.55　　　　　　　　　　108008747

文　學　叢　刊　407

又　見　彩　虹

著　　　者：許　　　其　　　正
出　版　者：文　史　哲　出　版　社
　　　　http://www.lapen.com.tw
　　　　e-mail：lapen@ms74.hinet.net
登記證字號：行政院新聞局版臺業字五三三七號
發　行　人：彭　　　正　　　雄
發　行　所：文　史　哲　出　版　社
印　刷　者：文　史　哲　出　版　社
　　　　臺北市羅斯福路一段七十二巷四號
　　　　郵政劃撥帳號：一六一八〇一七五
　　　　電話886-2-23511028・傳真886-2-23965656

定價新臺幣三〇〇元

二〇一九年（民一〇八）六　月　初　版
二〇一九年（民一〇八）八月初版二刷

序　彩虹裡的夢

　　人初出生是懵懵懂懂的，什麼都不懂；但有心靈的存在，可以與外界相感應，隨著慢慢成長，接觸面拓寬了，接觸到更多的東西了，心靈也慢慢發展開來，會從各處接收各種資訊，心中也會慢慢蘊釀出理想。這或者叫夢或者叫希望。所謂理想、夢或希望，就寄放在彩虹裡。彩虹，紅、橙、黃、綠、藍、靛、紫，七彩而美麗，幾乎人人嚮往。

　　說人的一生都在追求彩虹裡的夢、希望或理想，應該沒有人會反對。包括你我都是的。

　　我出生長大在南台灣一個不到十戶人家的小農村，可說相當閉塞。我小時候可以說是一個文化不利的兒童，然後漸漸接觸到外面的廣大世界。雖然這樣；但是先天有一個好處，那就是接近大自然。小時候，我是

整天在田野裡打滾的野孩子，最早是放牛，然後做田事，犛田啦，插秧啦，跪在水田裡除草啦，割稻啦，等等，常常整身是汗，是泥，皮膚則曬得一層層地掉，又一層層地長。說到讀書，幾乎是沒人管，正是所謂的被「放牛吃草」。記得我考上初中時，因處在閉塞的環境裡，連報紙廣播都沒有，更別說電視或網路，該報到了還不知道，幸好那天下午畢業國小的工友來通知。那時我正在牧場裡放牛，鬥蟋蟀，便趕緊洗手洗腳，急忙趕去報到。這才扭轉了我的一生命運。說到讀書，我也沒讀得很好。主要是環境使然。別說沒和現在都市裡的孩子一樣去補習，連管都沒有人管，在那樣的環境裡，不外是一天到晚做農事，到要考試了才摸一摸書。但是，就有那麼一天，記得是高三時，受一位喜歡文藝的同班同學影響，兩人「同病相憐」，「相濡以沫」，我遂糊里糊塗裡地走上了文藝之路。那時大學聯考正逼在眼前，我還是事不關己地把頭埋在文藝書籍中，追求我的彩虹。

　　一個人所寫的作品，和他所過的生活是相連相繫的。沒別的原因，他的生活過程所累積的就是他寫作的資產。我這裡所收集的作品，就是我一直以來生活的精簡切片。我寫的不外，在鄉間農村的生活，即鄉情，鄉

景，農事，田園生活，還有就是長大後的教書和旅遊。
至於各篇的前後順序，是以發表的先後來排定的。

　　彩虹，嗯，一直以來，我在追求我的彩虹。追到了
沒有？有時好像追到了，卻又從手中溜走。沒關係，再
追吧！直到現在，我還在追。我要不停地追，夢想有一
天能把彩虹追到，緊握手中，抱在懷裡。

　　　從那一年起，我
　　　費盡心血，汗流浹背
　　　一生夢想，追尋，抓取
　　　總是在濛瀧裡，在渺茫裡
　　　總似唾手可得，卻又距離我頗遠
　　　什麼時候什麼地方
　　　可以抓取得到？
　　　可以擁有？

　　　啊，信誓吧！
　　　一定要追尋得到！
　　　一定要抓取得到！
　　　一定要擁有！

　　這是我在〈夢裡彩虹〉一詩所起的誓言。即使年事已老，我仍會不停地追。但願見到彩虹，能夠「又見彩虹」，而且，這次能夠抓取得到！

又見彩虹

目　次

8   又見彩虹

綠園已成過去

颱風來了，又去了，帶來了許多災情，讓人們去收拾、整建，送給人許多嘆息。

我想起了民國六十六年綠園的遭劫。

太沒有想到了。一座那麼可愛美好的綠園，不到兩個小時，竟然被塞洛瑪颱風破壞得面目全非，滿目瘡痍，令我不忍心去看；也因此，我隔年即行離去。

那是一座可愛美好的園子，林木蓊鬱，郁郁菁菁，師生又那麼親切、樸實、和諧。我曾為它寫了一本「綠園散記」。我為它付出了我的深深感情。看它那樣被颱風摧殘，怎能不傷心？我真欲哭而無淚！尤其是因此而使所有樹木被砍伐殆盡，更令我傷心不已。如果「綠園散記」不是適時於那年元月出版，可能有趕不及之慨呢。而由於綠園之遭劫，這本書已進入了歷史的長廊。

前一晚電視氣象明明報告說，塞洛瑪颱風已撲向東沙群島，不可能來襲，不料卻臨時轉回頭來。有人說是蛇年，蛇的行徑本來就無法逆料，似乎有些說對了。真

是「天有不測風雲」！

雨是什麼時候開始下的？我無法確切知道；因為那是夜裡，只知道半夜醒來時就在下了，而且一直下著。雨勢相當大，只是沒有風。我並不以之為意。我直覺以為颱風已去，那是颱風去後的豪雨；哪裡知道，到了上午八點左右，風突然來了。說突然或許不夠貼切，尚不能狀述它的快速，用驟然也許較好；因為它確實來得太快，說來就來，而且風勢奇大，風速奇快。我看情形不對，馬上想向因風雨太大剛宣佈放學的參加暑期學藝活動的學生廣播，卻發覺已停電了，只得空口高聲大喊：「進教室！進辦公室！先躲起來！不要回家！」

說時遲，那時快，綠園裡最高大的那「一棵大樹」，已碰的一聲，橫倒在地了。那些學生都還沒有全部進教室呢。他們這下可被嚇壞了，一個個都趕忙搶進房子裡，不必再喊。

風確實太大了。我走進教務處關門時，竟然出盡了全力，還得有人幫忙才關栓得了。此後，每有人進出，也都要好幾個人才關栓得了。

風呼呼地吹著。可不是只用潑婦罵街可以形容得了的。那簡直是群魔在亂舞，在肆虐！那簡直是厲鬼在嘯叫，在橫行霸道！沿教室南面種植的那一排蘭心木，被吹得一再彎向教室，用樹枝猛力地擊打著，一會兒那邊

玻璃窗被打破了，一會兒這邊玻璃窗被打破了。窗玻璃被打破的聲音，此起彼落，兵玲邦郎地響，令人心驚。屋外風聲更大，呼呼不停，除了摻雜著風吹過樹葉樹枝的沙沙聲外，最叫人心驚膽寒的是間歇的碰碰聲。我可以清晰地分辨得出：那是籃球架被吹倒聲。那是某一棵大樹被吹倒聲。那是哪一個車棚被吹倒聲。那是哪一段圍牆被吹倒聲。……這些聲音混雜在一起，猶如戰場上，人馬雜遝，槍炮聲、廝殺聲、慘叫聲和呻吟聲的混合，而且更難聽，令人不忍卒聞！

　　此時，北面靠窗那邊有人喊了起來。我循聲望去。原來北面窗外出現了一大奇景！整座綠園裡的群樹，被風吹掉了樹葉，成千上萬成億上兆，在窗外飛舞著，有桃花心木的，有蘭心木的，有麻六甲合歡的，有玉蘭花的……如群蝶翔舞，是我在「綠園散記」中所寫「葉雨」和「螺旋」的綜合，紛繁奇美。因為背風，好多學生打開窗子，在窗口看，有的甚至站到和窗口同高的放物架上看。──好有雅興！這是二樓，如果從窗口摔落下去，可不是玩的。我一看危險，立刻喊他們下來，離開窗邊，把窗子關上。沒想到學生走開後，竟然剩下訓導處張主任和曾組長，叫我很難為情。不過，老師嘛，他們會注意安全的。學生圍太多就危險了。我知道，他們是剛才打開窗子巡看校園裡有沒有未進房子的同學，被群葉翔

舞的美迷住了的。我還記得張主任剛才還用手提播音器喊那兩個沒進房子的學生呢。真的，有時候美是危險的！

「車棚的摩托車被吹倒了。」

張主任這一聲驚起了我們幾個教師。走到窗口一看，果然我們放在車棚的摩托車每輛都被吹倒了。我們便穿上雨衣，奪門而出，想去推進樓下教室裡，以免翻倒，在那裡漏油，如果旁邊的樹倒下壓壞更是不好。

沒想到才走到下樓的樓梯口陽台，竟然發現一群學生圍在那裡。趨前一看，一名女生躺在地板上，還有黃老師在場照顧。

原來北面窗外群葉飛舞的奇景果真是奇景！有時候美真是危險的。教務處有人圍靠窗邊看，事務處那邊更多。這名躺著的女生，便是在事務處墊著坐椅，靠站在窗子上看，結果窗子承受不住她的體重，摔落下去，她也跟著從二樓摔落下去的。

我一聽，這還得了？校長赴北進修，校務由我代理，全校一切責任全在我一身，怎可怠忽？顧不得被吹倒的摩托車，便邀了她的導師陳老師，冒著風雨前往她家，企圖找她的家人設法處理。

風勢之強之大之猛，令我們怎麼也沒想到。這是我平生僅有的一次經驗。我們兩人，手牽著手，把身子盡

量靠近，挨擠著走，強風來時，竟還被推得向後退。後來我們乾脆互攀著肩走。進入建功村後，我倆真是戰戰兢兢，如臨深淵，如履薄冰。頭上、身子四周，不時飛過蓋屋的瓦片、鉛板、石棉瓦片，也有木頭、窗玻璃等，危險到了極點，萬一被砸上，頭都可能跟身子分家。有時聽到聲音，兩人便趕緊蹲低些身子，把頭盡可能垂低，以便躲避。

好在她家距學校只不到兩公里，我們畢竟到達了。

她父親外出不在，只有母親和公公在；喊計程車，計程車司機搖頭不開車；請藥房老闆先來權充醫生打一針防腦震盪的針劑，也請不動。怎麼辦呢？只好又往回走了，多了她母親一個人。

三個人互牽著手走。她在中間。我們兩個各在左右。這次是順風了。強風一陣陣推著我們走。每當強風吹來，我們三個人也只好順勢被推著跑了起來……。

既然計程車不願開來載她去醫院，藥房老闆也不來打針，我們只好把她扶進教務處了。

「老師，我沒怎樣啦！」扶進教務處，我們要她靠躺在籐椅上休息，她竟然這麼說，而且還蠻有精神的。

「真的？」

「真的。我掉下去，屁股就坐在地上，沒碰到頭，身上也沒有怎麼樣。」

我心中一直懷疑著。從二樓摔落下去，竟沒有怎麼

樣，那是令人很難想像的。不過，也很難說，事務處鍾先生有一次假日帶了他的孩子到校，小孩爬過欄杆，從二樓摔下，也安然無事。——還是摔在水泥地板上的。這次希望也會如此。我一直默默祈禱著。

這時已近十時，風勢漸漸小了，大概颱風過了，有學生想回去，我仍沒讓他們走，直待到十一時過了，看情形颱風確實是遠颺了，便宣佈可以走了。

奇蹟似地，那位女生竟然不必人扶，和她母親邊走邊談邊笑著回去了。我心中一塊石頭才稍為放下。待次日，她一大早到學校看學校被破壞的情形，我才完全放心。

在雨中，我巡視了綠園一周，黯然於整座綠園已面目全非，滿目瘡痍；除校舍建築、司令台未倒外，其他都走了樣：校舍窗玻璃被破壞在百塊以上，第二棟教室樓梯間頂棚不知去向，車棚被吹翻了近百公尺，被籃球架和倒下的樹木壓壞了四處，四個籃球架全被吹翻，圍牆倒了四十餘公尺，樹木除白雞油（光蠟樹）較少損失外，司令台隔水溝南面一片麻六甲合歡幾乎全倒，校園內，桃花心木、蘭心木、麻六甲合歡、甚至玉蘭花、椰子樹等等，倒得一榻糊塗，凌亂不堪，這裡一棵那裡一棵，斷幹斷枝斷莖斷葉，到處都是，回家的師生，道路都被阻，很費力才通得過去，並且到處都可以看到鳥屍，尤以斑鴿最多……。

　　綠園，那麼可愛美好的綠園，遭劫了。那些濃綠鬱翠？那些寂靜的情趣？那些鳥群？那些美景？……我真要泫然而泣了。

　　如今，我離開綠園已五年了。每當颱風來襲，我便會想起綠園遭劫的情景。綠園，啊，綠園已成過去。綠園已走進歷史……。

1984、9、23、中華副刊

自在而懵懂的日子

每個人有每個人的童年，應該是各不相同的。

我的童年，是懵懵懂懂、迷迷糊糊過去的，也是自由自在、悠然快樂過去的。

民國廿八年，正是抗戰的第三年，我出生在潮州南郊約五公里的一個小農村，也在那裡長大。它名叫廊邊，是一個名副其實的小農村——小到住家不及十戶，每戶人家都種田耕農。

那樣的環境，加上那樣的年代，經濟蕭條，民生凋敝，文化水準低落，是必然可以想像得到的。當時的我，以現在教育上流行的名詞來說，就是「文化不利兒童」；除了生活不好以外，家長很少關心子女教育，至於指導課業，更是癡人說夢。家長根本沒這個能力！如果不被叫去田裡幫忙農事，就已經很好了。這樣的結果，在課業上，鄉下的孩子比鎮區的孩子差，那是理所當然的事，不足為奇。我尤其是這樣。記得國小一年級時，我的課業成績就是全班最後一名。在整個國小學程中，我

也曾逃過學。

　　那時，我們的生活很苦。我們吃蕃薯簽飯，配野菜、豆乳（豆腐乳）、蘿蔔乾、豆脯……魚肉很難得，恐怕只有拜拜或過年過節才可以嚐到。我們穿的衣服，質料很差，有一段時期，用麵粉袋、肥料袋的布來做。房屋是用茅草蓋的，逢雨滴落連連，用盆子去接，接出叮叮噹噹的交響樂，牆壁是用竹篾編了，糊上雜有牛糞和被切成小段稻草的泥土，等老舊了，常常掉落，便會冬冷夏熱。腳上穿的是踢到石塊會痛會流血的真皮皮鞋。上學時，就這麼走五公里的碎石子路，練得腳底有一層硬皮。沒有書包，是用布巾包的。下雨時，穿的是棕簑（簑衣），戴瓜笠（笠帽）。便當裡是幾塊蘿蔔乾，很少時候有魚肉或蛋。這樣的生活，是多麼苦呀！現今年輕一輩的人是連想都想不到的。

　　上學後，年紀稍大了，每天回家或假日，我們便要幫忙家務和農事。最常做的是放牛。因為年紀小，力量不夠，有些田事沒法做呀！不過，只要力量夠，可以做的事，都需要去做。我現在會做大部分的田事，就是那時候「練」出來的。

　　放牛的地點，在我家屋後約兩百公尺的一大片廣場。

　　大約有三十幾甲地吧！是日治時代，日本人沒收了

我們的田地去建造的空軍基地。我住的村子廓邊，原來就在這個基地內，有三、四百戶人家，都姓許，為了他們要建造這個基地，被趕走了，只剩不到十戶人家在基地附近不願走，便成了現在這個小農村。基地內有個小型機場。日本投降前，我躲在防空洞裡，還曾看見過這個小型機場的飛機飛上天空，和美國飛機做空中戰呢。抗戰勝利後，由國軍接收，駐有空軍機械部隊和空軍警衛部隊各一排，以照顧置放儲存的炸彈。那裡本來是一個禁區，後來部隊和我們混熟了，也體諒民間放牛的困苦無地，就半公開地允許我們放牛。這塊地便成了我們附近六個農村小孩放牛的地方。

幾乎每天上午和下午，差不多到一定的時間，牧童便趕牛到這裡。到差不多一定的時間，便又趕回家去。我家距這片廣場很近，我都把牛繩繞圈綁在牛角上，牛會自動到那裡，也會自動回家。

一大片廣場，有三十幾甲地，雜草叢生，尤其到雨季，有些草甚至長得比人高，比牛高，有時牛進去，要找都找不到，四周又有鉛線圍成籬笆，在那裡放牛可說最舒服了。只要把牛趕到那裡，一放，可以儘管玩我們的，不必去操心牛會掉了或會怎麼了。

我們玩很多遊戲，自由自在，悠然快樂。

放風箏：風箏是用報紙糊在自製的竹片上而成的。

一片那麼大的地，沒有一根電線桿，沒有電線，也沒有高大的樹木，放風箏是最好的。但是線很缺乏，常常偷媽媽縫衣服的線，被責罵。

打陀螺：陀螺也是自己找來的木頭製成的。只用刀子削，一個陀螺要好幾天才做得成。打起來，真好玩。

打戰：有時用木棍，有時用菅草的莖，有時用咬人貓，有時用苦楝子等等。嚴重時，會有人頭上起泡或鮮血淋漓，皮膚一痕一痕的。

打野球：就是打棒球。用竹棍或木棍當球棒，甚至用手打，球是皮球。當然有時也用石頭或土塊當球。用手接球或套檳榔甲葉接。

鬥蟋蟀：要雄的才會鬥，有黑色的，有金黃色的。蟋蟀鬥勝了，便趾高氣揚，吱吱鳴叫，不可一世，所有者也會因蟋蟀而貴，自命不凡。

爬水塔：日本人留下一個很高的水塔。只有幾個男孩敢爬，其他的便只有看英雄的份了。

游泳：水溝並不很深，有時候水髒，牛在那裡小便大便了，也不以為意，照游不誤。

捉魚：用竹篾畚箕，捉得少，用水桶把水戽乾了來捉，那就多了。

釣青蛙：用竹竿綁了線，尾端綁蚯蚓、雞母蟲或小青蛙，有時可以釣到很多青蛙。

　　除此以外，當然還有好多，譬如捉土蟋蟀、捉鳥、捉兔子、放老鼠、騎馬戰、唱山歌等等，每天放牛時間，這片廣場便有許多小孩子在玩遊戲，喧鬧叫笑，呼喊號哭，非常熱鬧，有時玩到天黑了才勉強回家，牛則早已自己回到家裡牛欄中了。

　　童年是人生的萌芽時期，對人一生的影響是非常大的。一個人長大以後，能否適應社會環境，各方面的發展是否能健全，會變好或變壞，可以說奠基於童年。我童年是一個「文化不利兒童」，懵懵懂懂，迷迷糊糊，在課業文化環境可以說吃了很大的虧；但是在牧場上所做的各種遊戲，自由自在，悠然快樂，後來我卻發覺對我很有幫助。我覺得一個人童年時要多做遊戲，不要只死讀書，要適度的頑皮，不要只是個乖孩子，長大以後才較有發展潛力。我的經驗如此，不知別人以為如何？

1986、3、12、港都周刊

七孔瀑布一行

「七孔瀑布不是一個瀑布有七個孔，同時流下七道瀑泉；是瀑布有七層，一層一層瀑泉，一層比一層高，合為七孔。」

只知道恆春半島墾丁國家公園區多峻嶺、奇岩、怪石、林木、美景，自然寶藏無限，因此蜜子一提出她們公司要去那邊的七孔瀑布一遊，問我是否趁假日一起前往，我便一口答應，不探問其情況。待到了目的地，聽人這麼一說，才驚詫不已。

是未開放的原始林區。入口是一條林間小徑，然後「緣溪行」。

溪很小，水也不多。踩溪上的岩石過溪後，約二公尺，路便隨山坡拔高，進入原始林區。

「好陡！」

腳以散落的大小岩石為梯。如果沒這些岩石呢？只得找稍凹的山壁為腳墊了。當然，也要用手抓樹籐、樹根、樹枝、樹幹為助力，甚至以雙手著地爬將起來。好

在地不很鬆，不然滾保齡球而下的鏡頭必然可以見到。

我們一行人沿溪邊山壁攀爬著，這裡一個，那裡也一個，零散而有序。——當然也有幾個其他遊人。

「小心！別摔落下去！」

「踩穩腳！一步一步慢慢來！」

「別急！踏實最重要！」

「對！踏實最重要！」

氣牛喘著，汗淋漓著，手酸，腳軟……。

好在繁茂的林木遮去了炎陽；不然，加上炎陽的曝曬，必然更加辛苦。

「忍耐些！只管往上爬，一定可以爬到目的地，觀賞美景。」

其實，何止觀賞美景？爬這一次山，運動身體，啟發人生的意義，更好！

每爬一層，我們便到瀑泉落下處觀賞、玩水。奇石、茂林、異草、飛瀑，殊為可觀。水則清冽異常，不時出現蝦蟹。

「哇！好美！」

「哇！好涼！」

讚嘆聲不絕，嘻笑聲和嘯叫聲更夥，還有人學起猿人泰山，以樹籐為繩擺盪，以手圈著嘴呼叫……。

歡樂沸騰著，野趣瀰漫著……。

　　大家呼吸著新鮮空氣，浸浴著芬多精……。

　　趁著假日，到山林一遊，以袪除倦怠、枯躁、慵懶，鬆弛工作壓力所造成的緊張情緒，恢復活力，多好！

　　直到傍晚，我們才盡興而返……。

　　　　　　1989.12.30　　人間情分

卜　居

　　遷居這房子，到今天正好一週年。

　　遷居新莊以前，我來過新莊兩次；但對新莊並不熟悉。第一次是三十幾年前。那時我正就讀大學。是在這裡就業的同鄉帶我來的。它給我的只是一個不熱鬧、有點荒涼的模糊印象。——難怪呀！那時台北市中山北路兩旁還大多是蹈田，東區好多道路和鬧區都還沒誕生呢！第二次是遷來的前兩年。是到內弟家。乘坐的是一位親戚開的小轎車。印象裡是塞車、塞車、塞車……，一直塞到一條小巷子裡。從南部介聘到新莊國中，我並沒有特意的選擇，只是依照印象，認為新莊距離台北市近，我內弟又住在這裡。如此而已！

　　來了！來到一個可以說是完全陌生的地方。住哪裡？人的日常生活食、衣、住、行、育、樂，住是一個很重要的課題。沒得住當然不行。住旅社不是長久之計。三十幾年前，才上大學時，我知道有幾個班上女同學住旅社，在南昌街；但也只是短短幾個月。她們來自

台南、嘉義，人生地不熟，一時找不到住處，逼不得已才權宜那樣住法的。

　　一開始，我暫住內弟家。也是逼不得已的暫住法。但是，他家容積有限，非長久之計，不到一個月，我租到了一個小房間，才三坪多，供蜜子和我住。好在老大傑傑和老三靜靜都住校，老么惠惠租住在南昌街，租期未到；也好在現在到處都有自助餐店，可以解決吃的問題。

　　是前年九月份北來的。開學總在九月份呀！從北來那天開始，我每天最重要的工作，除了上課，便是找房子，希望能買它一棟房子，有自己的窩，把三個孩子接回來，一家團圓，聚在一起，過正常的家庭生活。雖然前年辦介聘時，我已沒有那麼強烈的意願要「離家出走」，到北部來，因為他們兄妹三個都已在台北，可以互相照顧；但是畢竟這是我介聘北遷的最主要原因。

　　當時，三個孩子是不贊成在新莊買房子的。他們的理由是：新莊是工業區，工廠多，空氣污染嚴重。對他們的意見，我很慎重地予以考慮。健康之於人是很重要的呀！在南部，空氣相當清新，污染較不嚴重，可有舒暢的呼吸；到北部，如果呼吸髒污的空氣，損傷自己的健康，是很划不來的。

　　到前年十一月底，購定了這棟房子，大約有三個月

的時間，我經常奔波在尋找房屋道上。許是走路，許是騎借來的單車，許是坐計程車，許是乘公車，後來騎從南部運上來的老爺機車，範圍除了新莊外，擴及台北市、板橋、永和、中和、泰山和三重等地。最多的當然是新莊。整個新莊，幾乎都被我走遍了，有些地方我甚至比住在這裡一、二十年的內弟他們還熟。那時，北部多雨，又是冬天，更是艱苦，原就寒冷了，淋了雨，更是冬冷難當。曾經因此感冒。也曾經找得太累了，坐在植物園旁南海路的鐵椅子上打瞌睡。

那時購屋考慮的因素是：上班的距離、環境的好壞、空氣的品質、房屋的新舊及大小、樓別、光線、建材、將來發展的可能性和價錢等等。經過長久的探索、考慮，終於決定買了這棟房子。

是公寓二樓，三十七坪餘，一廳（特大，合客廳和餐廳為一）、三房、一廚、兩衛浴，正合我一家人住，另有一地下室停車位。

是三百四十七萬元買到的。那時房價正飆到最高，這地方房價每坪十五、六萬元之譜；連停車位在內，我卻以每坪八萬元左右買到，左右鄰居比我們先買，談起來卻都比我們買得貴。我常常以這是「花了三個月在海底撈針，撿到的便宜貨」，沾沾自喜。

七八年九月起到七九年春，新莊和北部各地一樣多

雨，到處是濕漉漉的，濕得人心裡發霉發毛。這房子是新建的，道路才開好，尚未鋪柏油，走起來，鞋子都要陷入泥中，不但鞋子，連褲腳褲管都要沾上好些泥巴呢！這樣的地方，很多人是不喜歡的。正因為很多人不喜歡，才可以撿到便宜貨。——當然，也不是只為了這原因，另一主因是賣方是售屋小姐，為了拚業績，四人合資買，想賺差價，可能資本不是很夠，到那時已經繳不起分期付款了，而且房價那時正處高原期，有要下跌的趨勢，她們做房屋仲介的「春江水暖鴨先知」，急著拋出，少賺為贏。就這樣，讓我接著了。

　　這房子的四周環境還算可以。它坐西南，向東北，雖然三面水泥叢林林立，正對卻是一個可當道路的中庭，後面可直視林口而無礙，林口的碧綠青山如在眼前，臨後陽台下方是一方蓮池，雜草和睡蓮遍生其間，南面排水溝岸邊有幾叢翠竹，每每迎風而舞，燕雀諸鳥飛鳴其間，清爽又新鮮。在都市裡，要找這樣的環境，不是容易事！尤其預定的台北副都心和這裡緊密相連，屋後到副都心之間，將有榮富國小、中平國中、新莊高中及縣文化中心新莊分館和藝術館相繼成立，使此地成為一個大文化區，即使我再沒有文化素養，也會被屋後這文化區的文化氣息所薰染。這是我所最欣喜不過的了。只是屋後這個蓮池以及其他空地，將來怕會陸

續建起水泥叢林來，把這美好的環境破壞掉，遮斷對林口碧綠青山的眺望，把燕雀諸鳥趕走，把雜草、睡蓮和叢竹趕走，甚至把池中魚類埋葬。這是惟一可憂的。不是嗎？蓮池過去不遠的地方正開始打地基，要建築廿二層大廈呢！

隨著時間的過去，讚美的聲音漸漸出現了：

「你們這房子很好！」
「材料都是上好的呢！」
「大廳這麼大！」
「可以看到林口呢！」
「好涼快！夏天不必裝冷氣吧！到現在你都還沒裝。」
「對！何必花錢做富麗的裝潢？這麼淡淡的顏色，輕巧的傢俱，給人好舒爽、輕快的感覺！」
「還有鳥兒呢！」
……
「好羨慕你們！你們的眼光真好！」

其實我知道，全都因為道路已經修好，鋪了柏油了。要不，他們老早被嚇跑了，別說讚美，連來都不敢來呢。——可不是？有一位女同事就因為當時來過，迄

今不敢再來。

　既已購定這房子，也搬進來了，人家的口碑於我何有哉？是褒，是貶，都無關緊要。我就是我！自我的肯定與主義最重要！但願一家人長久在這裡住下去，和樂地生活在一起！我也相信，我們會的。

1992/6/20 台灣月刊

蓮池滄桑

「米雞！米雞！米雞回來了！大米雞！小米雞……。」

是惠惠嚷叫的。話音中充滿了無限驚喜。話中充滿了無限夢意。

我從中午假寐睡夢中醒了過來，立刻跑向後陽台。惠惠不在後陽台。往蓮池看去，也不見米機的蹤影……。果真是一場夢！好不悵然！

然而，上次可就不是夢了。那是上個禮拜日哪，一大早，惠惠也是這麼大聲嚷叫著：

「米雞！米雞！米雞回來了！大米雞！小米雞……。」

那時，我正在客廳裡，立刻箭也似地飛奔到後陽台，沒想到蜜子和靜靜也已聞聲而至了。

從屋後蓮池被填起，我們一家人，除傑傑在南部不得而知——但可肯定他也和我們一樣——是如何期盼米雞再次出現呀！

　　我們所看到的是，一隻春日裡出生現在將近成鳥的紅冠水雞，正在蓮池西側未被填滿的池邊草叢間漫步覓食。在早上透著泥香的空氣中，在屋子的陰影裡，牠披著滿身墨羽，一條明顯的白色橫紋斜掛在體側，朱紅色塗染著額頭和尖喙，到喙尖轉為黃色。牠每走一步，頭尾都顫翹一次……哇，好不高興呀！

　　遷居新莊，住進這房子，曾經欣喜於屋後有一個陽台，遠眺可以直視林口青翠的山巒而無礙，近看則可盡情觀賞一方約二百公尺運動場大的蓮池。可惜住進不及一年，蓮池那邊便建起了廿二層高的大廈，阻斷了我們遠眺林口的視線，只剩蓮池堪以欣賞。我們非常珍惜，常常到後陽台觀賞。

　　這蓮池，水雖不很清晰，卻予我許多童年的回憶，帶給我許多欣喜。當時在鄉間捏泥土、玩水、嬉戲的情景，常常會出現在我眼前。

　　這裡原來是一個農業區，大多是蓮池，地賤沒人要，據說廿年前每坪才五十元，只因人口不斷爆增，高樓大廈漸次聳起，蓮池便漸次減少，地價也漲到了每坪四、五十萬元。以我所住的地方來說，前面、左右都是公寓、大廈，後面原來只沿著蓮池而去約一百公尺寬沒有建築，可以讓我看到林口的山巒，後來蓮池對岸建起了廿二層大廈，惟一可見的田園綠景便只剩下這一方蓮

池了。

這一方蓮池約二百公尺運動場那麼大，水有些混濁，底下是爛泥，靠岸邊附近長滿了雜草和幾叢竹子，此外便都是蓮了。雖然蓮從春日裡便開始滋長綠葉，由浮在水面而如一把把傘擎舉在水面上空，到夏日裡開花，秋日花落而成蓮蓬、蓮子，其實它們是自然生長，這蓮池並沒有人特意去種植照顧，可以說是一個荒廢的水池，自然見不到採蓮的景象，聽不到採蓮謠。那些古典的浪漫早已不知藏到歷史倉庫的哪一個角落了。不過，既然是水池，有水，自然有魚類。另外，常有鳥類出沒其間。這些，每每引我前來俯臨池邊的後陽台，回憶不盡許多童年往事……。

許是工業廢水的污染，許是農藥的毒害，現在除了養殖，一般水溝、池塘裡，要像以前隨處有魚已不可多見。這個蓮池裡，魚是有的，但卻不多。最常見的是土蝨和烏龜。土蝨或有半斤重，烏龜則有大水桶的桶底那麼大，不過為數極少，大概都是命大不死的「老兵」吧！小時候，隨便小水池或一條小水溝便可以見到魚，隨便取了網子或畚箕甚至赤手空拳，都可以網到捉到許多魚蝦，不管是大肚魚、土蝨、鯰魚、鯽魚、吳郭魚、鱔魚、泥鰍、蝦子、螃蟹、蛤蜊、田螺等等，隨處都有，捉得不亦樂乎，玩得不亦樂乎。現在雖然不比從前；但是至

少這蓮池很可以予我許多童年鄉居的回憶了。

　　這蓮池裡的鳥，除了常見的麻雀、鴿子和偶然出現的白頭翁、伯勞等，便是米雞了。麻雀、鴿子和白頭翁等多停憩在人家屋簷、屋角或池邊那幾叢竹子，米雞則棲身在池中草叢、蓮間、水上。米雞是秧雞。秧雞原有多種，這裡的秧雞主要的除了紅冠水雞，另外便是白胸秧雞了。這正是我小時候最常見到的。（台灣果真不大！）鄉人統稱之為米雞，在這裡見到，我自然也稱之為米雞，家人聞之，也和我一樣稱之為米雞。其實牠們並不全然相同：

　　——紅冠水雞又稱鷭，俗名黑水雞，身長約廿八公分，成鳥羽毛色黑，體側有一道明顯的白色橫紋，額和喙綴著紅色，喙尖綴著黃色，幼鳥羽色褐，喉部顏色較淺，體側也有白紋，為台灣平地水田、池塘、沼澤、溪流附近很普遍的留鳥，喜歡在近水邊地面或矮叢中漫步，覓取植物、魚、蟲為食，也在那些地方築巢。巢形狀扁平，蛋多達八至十二個，淡黃色，有紅褐色斑點。牠們每走一步，頭尾都要顫翹一下，逼不得已時才短程飛翔，飛翔時會發出啪噠啪噠的聲音，叫聲是「咯囉咯囉」或較尖銳的「柯——替」……。

　　——白胸秧雞又稱「苦惡鳥」，身長約三十二公分，羽毛上部灰黑色，下部白色，尾下覆羽為紅褐色，喙和

腳為淺綠色，是台灣七百公尺以下的水田、池塘、沼澤中很普遍的留鳥，喜歡在沼澤或淺水上行走，覓取昆蟲、種子或穀類為食，巢則多築於水面或矮樹上，生育季節為六至十月，生蛋四至八個，灰色而有紅棕斑點，較不喜歡游泳，飛行時雙腿懸空，一副笨拙狀，叫聲為「苦哇──苦哇──苦哇──苦哇哇」，之所以又稱為苦惡鳥，乃象其聲也……。

　　這蓮池可以說是我們的最愛之一，尤其是對岸建築起廿二層大廈遮斷了我們對林口的眺望後，它便是最能予我們鄉間情味和大自然山水田園訊息的泉源。我們常一有空便到屋後陽台去看水，看草，看蓮，看竹，看魚、蝦、烏龜和鳥類的活動；可是月前有一天，那邊突然傳來了好大的引擎聲。正值暑假，我們都在家，紛紛趨前去看。原來是一輛推土機，不停地推著幾輛大卡車持續運來的土，要把蓮池填平。

　　我們意識到這是怎麼一回事。這是我們一向最擔憂的，今天出現了：填了土，蓋大廈……。我們的心往下沉，嘆息，惠惠甚至眼眶有些紅了起來……。

　　填土工作持續了三天，一方大約兩百公尺運動場大的蓮池便被填平了，只剩兩側尚有很小一部分未被填滿。打聽的結果，原來是別的地方有人建築大廈，挖土擬予棄置，地主便撿便宜，請了幾輛大卡車載運，一輛

推土機推土，把蓮池幾乎填平了。還算幸運，暫時不建大廈。

　　只是魚、蝦、烏龜已被掩埋，鳥兒已他遷，可以想像得到的，終究有一天，這蓮池會被建築起高樓大廈，用牆壁遮斷我們探索大自然的視線，剝去我們和大自然親近的權利，我只能無望地日思夜夢，期盼米雞的回來⋯⋯。

1992/10/16 台灣月刊

大　隱

　　又聽到蟬鳴了，一陣陣，起了又歇，歇了又起，斷斷續續……吱吱，吱吱……。

　　我知道，準是從已被填平的蓮池邊那幾叢綠竹傳過來的。搬進這裡，這已是第三度蟬鳴季節。根據經驗法則，我相信我的推斷不會錯；雖然附近的景觀已有所變化，譬如蓮池已被填平，譬如原來蓮池裡有很多長草，現在已經很少，而且不長，譬如蓮池對岸已建起大樓……。

　　但是第一年在這裡首度聽到時，我曾經感到很疑惑，不知它從何處來。後來，尋聲而往，才發現其源頭就是蓮池邊那幾叢綠竹，並且有少部分是在當時還未填平的蓮池所長出來的蓮葉和長長綠草裡。為此發現，我曾興奮了好一陣子。

　　是的，天氣漸漸熱起來了。各種植物、動物開始蓬勃生長活動起來了。蟬和它們一樣，也開始鑽出土，爬上樹，活動、鳴唱起來了。

我在鄉間出生、長大，從小便在鄉間泥裡、土裡、水裡翻滾嬉戲，對鄉間的農作物、花草樹木、鳥獸蟲魚相當熟悉，對昆蟲之一的蟬自不例外。和蟋蟀差不多，大概從初夏天氣轉熱起，蟬便開始鳴唱起來了。牠們總在果樹如芒果、柚子、龍眼、荔枝、香蕉、枇杷、檸檬、釋迦等的枝葉間飛過來又飛過去，鳴唱過來又鳴唱過去，也在甘蔗、稻子、番麥（玉米）、菅草、竹林、榕樹等農作物和樹木間飛過來又飛過去，鳴唱過來又鳴唱過去。牠們的鳴唱聲，聽久了，我總感覺是枝葉間的一團藍霧，從上方擴散，瀰漫各處，人在其中，有如躺在搖籃裡，被母親的手推搖著，推搖進睡夢裡……。

蟬一鳴唱，鄉間的孩子們便高興起來了。那是果子成熟的季節。好像果子是被牠們的鳴唱聲催熟的。大概成熟得最早的是荔枝，然後是芒果、檸檬、柚子、龍眼、枇杷、香蕉、釋迦……。在我小時，台灣經濟不好，吃食常感不足，到蟬鳴季節，果子成熟，可以多少補其缺乏，滿足口欲，小孩子們自然高興異常。

另外一件叫鄉間孩子們高興的事便是可以捉蟬。每年到這季節，只要蟬一鳴唱，我們便像蒼蠅的聚向甜食，成群往蟬鳴處跑，相中了蟬，有的用手抓，有的用長竹竿綁了細網來網，有的在長竹竿頂醮了牛車油來粘。並不是捉了蟬有什麼大利益。那不是個像現代那麼

重視功利的時代。只要擁有蟬就好了。只要擁有蟬，可以不時碰牠們一下，讓牠們鳴唱一聲、兩聲或幾聲，可以向同儕炫示一下，就好了。那是一種無法解釋的莫名感覺，莫名喜悅。

蟬身淺綠（草蟬）或赤褐（金蟬），翼薄如蒼蠅、蜻蜓或蜜蜂的，色彩因薄顯得更淺。牠們比金龜子大了些，有蜜蜂的一兩倍，顯得相當可愛。一般人所知道的大概就是這些，卻常忽略牠們之有今日，正如許多成功者要吃盡許多苦頭，受盡許多暗無天日之苦的。牠們在成為成蟲以前，被埋在地下，少則數年，多則十數年甚至數十年。小時候，我們常在蕃薯園、香蕉園、甘蔗園、果園、竹林等佃地挖到雞母蟲或「酒瓶」，卻不知其為何物，後來上學了一段時間，才從書本上得知，那就是蟬的蛹。對蟬的知識，的確有許多是長大了以後從書本上得知的，也有當時懵然不知後來才和書本所述相印證的，譬如牠們的「餐風飲露」，譬如牠們只有雄的才會鳴唱，雌的則不會，譬如牠們的生命只有兩三個星期，卻要在土裡過那暗無天日的日子數年、十數年甚至數十年，譬如蟬從土裡鑽出來，爬上樹幹，蛻為成蟲，一路蛻化的蟬殼，可以入藥，譬如螳螂捕蟬的故事，尤其像「本以高難飽，徒勞恨費聲」、「無人信高潔，誰為表予心」之類的具有象徵意味的詩句。不過，書本和實際相

印證是很有好處的，也可以更加深印象。

　　這些年來，和其他以前鄉間很普遍的青蛙、泥鰍、鮎魚、土虱（塘虱）、土伯仔（土蟋蟀）、蟋蟀、金鈴子、草蜢阿公（紡織娘之類）、螢火蟲等的越來越少一樣，蟬也在鄉間越來越少了，有時甚至要憂慮牠們是否會從地球上消失呢！沒想到在都市裡卻反而多見蟬蹤，多聞蟬鳴。

　　為什麼會這樣？

　　有些文友沒注意到這項事實，想當然爾地在作品裡寫都市裡，因為人多，車多，烏煙瘴氣，已不見蟬蹤，不聞蟬鳴了。譬如一位從南部遷居台北市的陳姓文友，他自許是生態保育者，所寫作品大多關於這方面的，寫在賞鳥區或山裡觀賞鳥類和其他動物的情形，寫得好像很逼真，也以此得了不少獎，儼然是大自然愛好者、田園作家；可是，他卻也忽略了這項事實，寫出都市裡不見蟬蹤，不聞蟬鳴的文字來。好在那些年我雖寫過有關蟬的文章，卻不敢想當然爾地這麼寫。當七、八年前，我於離開台北約廿年後，因孩子到台北讀書，回到台北，聽到蟬鳴，大為驚詫。隨後至今，我果然發現台北的蟬可能比鄉間多。由台北市的植物園、新公園、青年公園、市立師院、北一女、國立師大、台大、景美女中到現在遷居的新莊，都發現許多蟬蹤，聽到許多蟬鳴，

且可能比鄉間多。所幸我沒想當然爾地和那位文友一樣那麼寫；不然可不也要鬧笑話？

為什麼會這樣？難道很多人從鄉間移居都市，台北的人口甚至幾近爆炸，蟬也這樣嗎？我思索了好久，觀察了好久，探尋了好久，近日終於找出答案了。

原來這些年來，農人為了驅除、殺滅農作物的害蟲，以確保農作物的豐收，使用農藥使用得太厲害了，把那些青蛙、泥鰍、鮎魚、土虱、土伯仔、蟋蟀、金鈴子、草蜢阿公、螢火蟲等連同蟬都毒死得差不多了，只差一點沒有趕盡殺絕；都市裡雖然人多，車多，烏煙瘴氣，並不是良好的生存環境，卻至少沒有農藥那麼嚴重傷害到生命，蟬便勉強在這裡繁殖生存，有些也可能從鄉間「遷居」進來，變成了陶淵明所謂的「大隱隱於市」的族類了。

其實，何止蟬？人不也一樣嗎？總是避凶趨吉的。何況那是和生命息息相關的？

由此，我想起了陶淵明在【飲酒詩第十九首】裡的話，許是真確不移的吧：

「心遠地自偏。」

更想起了常聽到的話：

「心靜自然涼。」

「胸中自有丘壑在。」

　　心乃一切的決定者。蓮都可以「出淤泥而不染」。
住在都市裡，只要能「心遠」，和住鄉間又有何不同？

　　　　　　1992/11/16 台灣月刊

海市蜃樓體驗

　　人生，霧濛濛一片，看不清楚，又每多無常，時隱時現。它像什麼？最像海市蜃樓吧！是嗎？

　　遊覽車在沙漠中穿行，頂著烈陽，頂著風，頂著乾旱，被彎彎曲曲高高低低的道路牽引著，繞來繞去，搖搖擺擺，顛顛簸簸，載著我們，載著我們的懶散和睏意，載著我們的疲乏和無奈，還有從導遊口中噴發出來在空中開花的對各個景點的口水和各種古蹟的傳說……。

　　「你們看！前面就有海市蜃樓！真是說曹操曹操就到。我剛剛才介紹海市蜃樓海市蜃樓就出現了。看到沒有？前面遠方天邊，那像海一樣的一片，像雲一樣的一片，亮藍亮藍的……那就是了。」

　　我們原有的懶散和睏意、疲乏和無奈頓時被驅散，精神頓時轉為振奮，眼睛頓時被激發得亮光直閃，直衝遊覽車前方擋風玻璃，穿透過去，射向前方，飛向遠方，飛向天邊……。

　　沙漠地帶是乾旱的，年雨量幾乎是零。也就因為雨

少，水分不足，乾旱才會臭味相投，從各個地方圍攏過來，聚居在這裡，才會製造出沙漠。在這裡，平日自然是無雲乾旱無雨的，晴朗而明亮的。視線所到之處，全然空曠，一無阻攔⋯⋯。

而現在，前方遠處天邊卻有一片似海似雲的微亮微藍集聚。一片，不，一大片⋯⋯。

「我剛剛說過了。有人說，他們見過高樓大廈、街市、樹木⋯⋯所以叫海市蜃樓。我在沙漠跑了這多年，卻沒見過，只見過這種像海像雲的景象⋯⋯而且靠近一點，它就自然消失了。」

「為什麼會消失？」

「我也不知道。大概就像人生一樣霧濛濛，一樣無常吧！」

導遊的口水再次噴發出來，和著前方遠處天邊的景象，一揉再揉，一搓再搓，揉搓成一條強韌的繩索，將我綑綁，將我拖進一條時光隧道，帶向我小的時候⋯⋯。

那是一片霧濛濛的地帶呀！⋯⋯

是屋後不遠那片童年廣場。那是以前日軍的一個空軍基地，面積約有三十幾甲，國軍接收後，任其荒蕪在那裡，只有隔相當遠的距離放置了一些二次大戰留下的舊炸彈，雜草叢生，間有日軍留下的十幾棟房子，屋頂蓋的是黑瓦，我們便把牛趕到這裡放牧。每到夏天，天晴時，尤其有烈日時，尤其是午時前後，那些房子屋頂

的黑瓦上方便有微影出現，像小小的海，又像小片的雲，微亮，微藍，還會舞動……。那可不是現在眼前海市蜃樓的縮影嗎？別人沒提過，我也沒向人說過，不知別人是否發現？許是我的一件私密吧！只是我心裡一直存著好幾個問號：那是甚麼？怎麼形成的呢？怎麼會這樣？誰能告訴我？濛濛的霧呀濛濛的霧……。

　　而在這濛濛的霧裡，另外一件事出現了。那可不那麼悄無聲息哦！在當時可是相當轟動的。

　　是通往鎮上那條被稱為新路的砂石路鋪了柏油後，一件怪事轟傳著：那條路到鎮上的半途有怪象喔！也不知道是誰最先發現傳開來的。大家紛紛前往，爭睹怪象。果真在鋪了柏油的路的上空，遠遠望去，微亮微藍的一片，像海又像雲，汽車經過，便散開，待汽車一過，便立刻又重聚回來；尤其到了夏天，尤其是天晴時，尤其有烈日時，尤其是午時前後，更是明顯。謠傳便從人們的嘴裡散了開來，潑灑在人們的耳裡、心裡：是風水被破壞了。是有鬼怪被柏油的熱蒸得受不了，跑出來作怪了。……其實，那可不是現在眼前海市蜃樓的另一個版本？

　　海市蜃樓，它是怎樣的一個東西？許是熱氣的微影吧！還是什麼神奇之物在傳說裡流行呢？極平常的現象？還是真的有鬼怪在興風作浪？……像我小時候的情景，它正濛瀧在霧濛濛的前方遠方天邊……。

　　人生也是這樣？霧濛濛一片，看不清楚，而且每多無常，時隱時現，許正悠揚，倏忽已經消失……。

　　2005.1.15　中華副刊

走在絲路上

　　——踏上絲路，從西安出發，穿行在時空交織而成的網絡裡，時而踽踽在歷史書頁上，時而行走在地理版圖中，時而停步和以前世代的商旅、英雄、戰士、君皇、孤臣在虛擬中隔空交會，目迷於各景點的美麗風光，耳耽於諸多古老動人的傳說，慨嘆於已經腐蝕朽壞的金戈鐵馬、風化的赤血忠魂……。

　　——大雁塔、小雁塔、法門寺、伏羲廟、麥積山石窟、炳靈寺、海藏寺、大佛寺、文廟、莫高窟、白馬塔、千佛洞、火燄山、蘇公塔、天池、伯孜克里克石窟、庫木吐拉石窟壁畫、清真寺……是宗教勝地？是藝術殿堂？是兩者的融合體？

　　——武威、張掖、酒泉、敦煌，哦，河西四郡！秦長城、漢長城、嘉峪關、玉門關、天下第一墩……哇！邊塞雄風在這裡狂飆！爭戰的旌旗在這裡獵獵飄揚，金戈鐵馬在這裡迸出火花，吶喊聲聲，震天價響，烽煙迷漫。去國懷鄉的人在這裡受盡冰霜風

暴、鄉思折磨。蘇武呢？張騫呢？李陵呢？王昭君呢？林則徐呢？左宗棠呢？……他們都活在美麗的傳說裡呀！都活在虛擬的另一個時空裡呀！

　　──絡繹於途的是什麼人？貿易商吧！由駱駝或駿馬馱拉而行。他們買賣古絲綢呀！玉器珠寶呀！各項民生用品呀！……市集在哪裡？就在綠洲和城市：天水、蘭州、武威、張掖、酒泉、敦煌、哈密、鄯善、吐魯番、大板城、烏魯木齊……如沙洲夜市，如大巴札……而以西安為最繁華。那是什麼時候的事？西周？秦？漢？五代？隋？唐？宋？……

　　──鳴沙山為什麼總是會鳴？而且白天沙向山下滑落，經過一夜，又回到原處？月牙泉為什麼水總是不枯竭？而且永遠保持月牙形狀，不會被鳴沙山上滑下的沙子填平？坎兒井又是怎麼發揮其灌溉功能的？山上的冰雪融化後，仍然冰寒極冷，灌溉作物行嗎？不會被冷死嗎？不會反成「揠苗助長」嗎？吐魯番的葡萄為什麼無子？把這裡的葡萄拿到別處種，為什麼變成有子？……

　　──幾件行李、幾匹瘦馬、幾個穿袈裟的僧人……竟然有像猴子的、像豬的……那一隊又是誰？……且用心仔細看個分明……啊！是了！是他們！是從西遊記裡跑出來的取經人！他們隔空在虛擬的西遊記裡艱辛著，跋涉著，精彩著……。

　　── 多麼平和的樂音！多麼中正的樂音！如陽明春曉，如高山流水，清淨著耳朵，撫慰著心靈……啊！是國樂！那些樂器，琵琶、胡琴、三弦：啊，不，不是國樂！是胡樂！是胡樂？……

　　── 風起了。沙塵隨著飄飛。陽光哪裡去了？前程哪裡去了？滿空的沙塵。滿空的黑暗。滿空的風聲。滿空的蕭殺。風蕭蕭矣，「壯士」果真一去兮不復返嗎？只有駱駝獨自艱辛地邁著腳步，馱載著貨物，馱載著人……。

　　走在絲路上，穿行在時空交織而成的網絡裡，時而踽踽在歷史書頁上，時而行走在地理版圖中，時而停步和以前世代的商旅、英雄、戰士、君皇、孤臣在虛擬中隔空交會，目迷於各景點的美麗風光，耳眈於諸多古老動人的傳說，慨嘆於已經腐蝕朽壞的金戈鐵馬，風化的赤血忠魂……。

　　沙塵暴起了。海市蜃樓出現了。異域的朔風猛颳著。傳說兜頭覆蓋下來。商旅駝隊來來去去。綠洲城市起起落落或孤獨蹲踞著。……

2005.3.23　中華副刊

天梯

　　沿著陡峭的山壁，山徑像一架超大型的梯子，兩腳拄立在平地，梯身向上延伸，直探山頂。那裡，一片霧茫茫，像直達天聽，高深莫測，不知其所止。攀援者，正如爬著天梯，窮盡其力，順著階梯，一腳高一腳低地往上爬，越爬越高，爬到汗如雨下，氣喘如牛……。

　　這是登山者恆常經歷的，尤其是攀登高峻的山更會有這種感覺。爬山正如爬天梯，艱辛有之，驚險有之，所謂「蜀道難，難於上青天」，差可比擬，沒有極大的決心、勇氣和毅力是不行的。

　　其實，宇宙之大，浩浩瀚翰，天梯處處而有，何止於山徑？

　　江河不就是天梯？尤其是長江大河，譬如長江、黃河、密西西比河……它們源遠流長，兩腳拄立於發源地，直探海洋，路途何止千里？江河裡的水就如同山的攀援者，腳程匆匆……。

　　植物的生長也是的。它們兩腳拄立在土地上，從萌

芽始，從長苗始，一分一寸地長大長高，由稚嫩而茁壯，由嫩綠而碧綠而深綠而濃綠……那也是爬天梯。細心體味，也能嗅出其艱辛氣味，甚至聽到它們向上攀爬的腳步聲、不停的喘氣聲和加油聲……。

動物，尤其是人，也和植物沒什麼兩樣。其生長歷程，每每闖蕩許多風雨霜寒，酷熱溽暑，迸出許多力量，流下許多血汗，一如爬天梯，一步一步趨向成熟……。

其實，整個人生過程就是在爬天梯。每個在人生的天梯上攀爬者，都要用盡最大的力量，把它當一回事來做，不可輕忽隨便，敷衍了事。

當然還有其他天梯好爬：

鷹的飛翔是爬天梯。

船的航行是爬天梯。

學習是爬天梯。

追求是爬天梯。

禪修是爬天梯。

鍛鍊是爬天梯。

寫作是爬天梯。

………

天梯，長長的，高高的，是長頸鹿的脖子？

天梯，由嚮往拉長的？

天梯，縱貫歷史？

　　天梯，由距離和距離連接而成？由許多艱難困阻堆疊而成？

　　天梯，千里跋涉，通向哪裡？山頂？海洋？高空？深淵？天堂？願景？遠方的神話？虛無？空中樓閣？……為了領會或看見天的眼神？……總之，不外就是更高更遠的地方。那裡，許是實實在在的，許是虛無縹渺的。不管是實實在在或虛無縹緲，它是一個目標，一個嚮往，說它是夢境、神話或願景都無不可。為了它，人們不願困鎖於牢籠內，不顧一切地掙扎、奮鬥，千里跋涉，流血流汗，辛苦備嚐，想方設法到達。

2005.5.12　中華副刊

沉　醉

沉醉——

沉醉是一種快樂狀態，一種狂熱狀態，一種癡迷狀態，一種忘我狀態，一種享受狀態……。

沉醉，有一種喝多了酒的感覺，一種甜蜜的感覺，一種瘋狂的感覺，一種無政府的感覺……。

沉醉，簡單說，沉醉就是一種沉醉。

沉醉——

沉醉在音樂裡。

——隨著音樂的旋律，翔飛在空中，悠然自得，輕盈如燕，無拘無束……。

——隨著音樂的旋律，漂浮在水面，輕風徐來，驅走夏熱，涼爽啊涼爽……。

沉醉在音樂裡。

——沉醉。

沉醉——

沉醉在書頁間。

或步行，或乘坐車輛、船隻、飛機，任由文字牽引，去周遊世界，博覽環宇，看盡世間所有美景，經歷所有未曾經歷的事物，嚐味許多所有未曾嚐味的美味，享受所有未曾享受的樂趣，嗅聞所有未曾嗅聞的香味……。

沉醉在書頁間。

——沉醉。

沉醉——

沉醉在工作中。

沒有疲累，只有汗淋漓；沒有苦楚，只有汗淋漓；沒有怠惰，只有汗淋漓……。

汗淋漓是一種盡情發揮——力在閃亮，血在奔騰，功在邁前……。

沉醉在工作中。

——沉醉。

沉醉——

沉醉在愛情裡。

全心專注在對方，對方的一顰一笑，對方的一言一

語；全心專注在對方，對方的美，對方的好；全心專注
在對方，對方的瞋，對方的專擅，對方的無理取鬧......。

全心專注，什麼都不管，全心專注在奉獻自己的一
切，即使自己的生命......。

沉醉在愛情裡。

　　——沉醉。

當然，人間不只這些沉醉......。

當然，人間還有許多沉醉......。

沉醉——

沉醉是一種快樂狀態，一種狂熱狀態，一種癡迷狀
態，一種忘我狀態，一種享受狀態......。

沉醉，有一種喝多了酒的感覺，一種甜蜜的感覺，
一種瘋狂的感覺，一種無政府的感覺......。

沉醉，簡單說，沉醉就是一種沉醉。

2005.7.7　中華副刊

駝鈴，在沙漠裡

　　駝鈴，不時在沙漠裡噴發，不時在沙漠裡傳響。

　　駝鈴，在沙漠裡，隨駱駝行進的腳步，一步一聲響：叮噹、叮噹⋯⋯。

　　駝鈴，它是勇毅的。

　　是的。駝鈴，它們是勇毅的。不為別的；因為它們是勇毅的。

　　沙漠裡有許多陷阱、陰謀和算計。它們像鬼魅，像天雷，像獅虎，像鷹鷲，像劇毒，像兇惡歹徒，或明目張膽，或潛伏隱匿，或在地裡，或在地面，或在空中，俟機攻擊。其對象，不分生物或無生物，不分動物、植物或礦物，不分人畜，只要是物，便毫不客氣予以列入。它們或許狂吼嘶喊，張牙舞爪，聲勢驚人；或許細嚼慢嚥，撕心裂肺，蠶食鯨吞；或許暗中進行，無聲無息，漸腐慢蝕。它們使用的武器，非刀非槍，許是有形，許是無形，挾著極度的乾旱，配合幾近於零的年雨量，配合不停吹颳的強風，配合猛烈的毒太陽，讓生物渴極，

疲極、弱極，至於全無水分，至於全無生氣、乾枯、死亡；對已無水分、無生氣、已失生命現象的無生物也不放過，像兇惡歹徒，拿著鐵錘、巨斧或刀槍，不停猛敲猛砍猛打；像妖魔厲鬼，拿著硫酸或銷骨粉，到處亂撒亂噴，讓它們斷裂、破碎，一點一滴腐蝕，成齏成粉，即使再不願離開本體，再不願離開地面，奈何非忍氣吞聲離開不可，即使堅強如山，也只得站在遠處，眼睜睜地嘆氣。

總之，沙漠是荒蕪的，是可怕的，是險惡的，是萬物避之惟恐不及的。

除了沙漠三傑等少數生物及命定非在這裡受苦受難受煎受熬不可的沙土、礦物而外，駱駝往往是穿梭其間而且是其中的佼佼者。它們總被人們掛上駝鈴，隨著它們行進的腳步，一步一聲響地叮噹叮噹，勇毅地噴發、傳響在沙漠裡。以勇毅來稱讚它們，其實並非過譽。

在平日，沙漠裡沒什麼大風暴、大沙塵，駱駝固然暢行無阻，就是最艱困時刻來臨，沙塵暴驟起，遮暗天日，在沙漠裡惟一能夠看見的動物，恐怕非它們赤黃色似乎用久用舊了的器具的身影莫屬了。

它們或載物，或馱人，一步一聲響地行走在沙漠裡。即使腳印很快會被風沙所敉平，它們還是一步一腳印地行走著，踏踏實實，絕不偷懶或打折扣。那駝鈴的

聲音，清脆，宏亮，乃暗夜中的一線光亮，冰凍酷寒中的一絲熱量，橫流中的一支砥柱，乾旱炎熱中的一股清泉，苦難中的一句鼓勵人奮發向上的話語，孤寂中的美妙音樂。

駱駝固然有其天生的優勢，譬如有厚實的皮毛，譬如有健壯的身子，譬如有儲水的什麼……；但是勇敢和毅力是絕不可少的。人間雖然不是沙漠；但是碰到艱難困阻在所難免。碰到時，如何以駱駝般的勇敢和毅力予以克服？

喜歡聽到駝鈴，當在沙漠裡。

喜歡聽到駝鈴，當陷在艱難困阻中。

駝鈴，鼓舞人們向上的大力量。

駝鈴，振奮人心的金玉良言。

駝鈴，撫慰人們憂傷的良藥。

駝鈴，勇毅的駝鈴。

附註：沙漠三傑為胡楊、紅柳和駱駝刺。即使在沙漠中，寸草不生，仍不時可見它們的身影。

2005.8.24　台時副刊

夜車搖籃

　　我們是一個個小生命，在暗夜中，安穩地睡在夜車搖籃裡，任它搖盪著，搖盪復搖盪⋯⋯。

　　這一趟，我們從哈爾濱出發，藉夜車搖籃壓縮空間，拉近和海拉爾的距離。

　　搖盪著，夜車搖籃搖盪著，搖過來又盪過去，搖向左又盪向右，搖籃曲輕輕唱和著⋯⋯。

　　是誰推動這夜車搖籃的？母親？造物？

　　是誰輕唱這搖籃曲的？母親？造物？

　　在這夜的濃濃黑霧裡，它一次次地搖過來又盪過去，搖向左又盪向右。

　　濃濃黑霧瀰漫四處，充塞空間。隨著它的搖盪，黑霧開開又合合，合合又開開。

　　彷彿它是水中的浮潛者，穿行在水中。

　　從哈爾濱出發，我們安穩地睡著，任夜車搖籃搖盪著，漸次壓縮空間，拉近和海拉爾的距離。

　　我們是睡在夜車搖籃裡的小生命。有一種慈母的愛護衛著。感覺裡，我們就像睡在母親的懷抱裡。我們普受安全、舒適、溫馨、滿足的滋潤。這是普天之下最大的幸福和享樂。

　　雖然在暗夜裡，我們心中卻有一線光芒亮著，一團溫暖烘著。誰怕暗夜？世界是美麗的。人間是光明的。人生縱使有黑暗、憂傷、不幸、悽苦、病痛，那也只是短暫的，並不足懼。

　　當夜車搖籃停止搖盪，我們已經抵達海拉爾。從睡夢中醒來，我們走向另一個世界，去擴大視野，見識未曾見識過的事物。

2005.9.29　台時副刊

2006.12.1　散文詩

雪白的哈達深情

應該說，雪是溫暖的；
或者應該說，雪是溫馨的；
甚至應該說，雪是溫熱的。

走進大廳，
那些巧笑倩兮的少女便把哈達披掛在我們的脖頸
上。

哈達，柔柔的，綿綿的，
有如她們細嫩的肌膚，
有如她們身上散發出的微微香息，
有如蘊藏在她們眼中的深情。

就這樣，哈達以雪在我們的脖頸上綻放著微笑；
就這樣，哈達以雪在我們的脖頸上訴說著真誠的歡
迎之意；

就這樣，哈達以雪在我們的脖頸上揮發著一股不可抗拒的熱力。

那分明是純白的雪，
有著相當程度高溫的。

雪，蒸發掉所有的冷淡，所有的慵懶，所有旅途上強加的疲憊……。
雪，掩蓋了所有的黑暗、污穢、悲情、不幸……。
雪，多麼潔白、純淨、光明磊落！
雪，善良、純潔、光明、熱情、歡樂、力量、強壯的象徵！

我深深感受到了那股不可抗拒的熱力。
似乎有烈酒在發酵，有壯馬在奔馳，有粗獷在呼嘯，以致血脈賁張著……。

所以，應該說，雪是溫暖的；
所以，或者應該說，雪是溫馨的；
所以，甚至應該說，雪是溫熱的。

作者按：〈夜車搖籃〉和〈雪白的哈達深情〉是作者
1999 年參加中國新文學學會第 16 屆年會，
由哈爾濱前往內蒙古海拉爾的首兩部曲。時
間為當年 8 月 8 日夜到 9 日晨。

2005.9.29　台時副刊
2006.12.1　散文詩

衝撞‧在西安

西安，這個絲路的起點，人口、古蹟、財寶和文物很是擁擠。到這裡，一個不小心，便可能要和他們撞成一團。

此刻，我的情形便是這樣。

首先，我必須說，我撞上了一個多嘴的導遊。一開始，他便潑婦罵街似地丟給了我一大堆話。他丟給我的話是，西安古稱長安，位於關中平原西部，南倚終南山，東望驪山，依山帶水，物產豐富，文物古蹟眾多，是黃河流域古代文明發源地之一，共有十一個王朝在這裡建都；鼎盛時期是唐朝，不僅是全國的政治文化中心，也是世界上著名的大都會，國際重要的貿易集散地之一。

接著，我一連撞上的更多。

譬如，在街上，我便撞上了一棵棵柳樹。我正自狐疑，他們已作了自我介紹。他們說，他們叫做左公柳，是左宗棠要他們站在這裡當標兵的。標兵？街上也需要標兵？綠化兼美化吧！

　　譬如，撞上了周原、西周灃、鎬京、阿房宮、漢長安城和唐太宗宮等。他們紛紛自我展示他們的繁華，推銷他們的特色。以阿房宮最為賣力。他朗誦著「未雲何龍，未雨何虹？……」果見秦始皇和三千佳麗姍姍走過虹橋，舞進宮內。

　　然後，撞上了軒轅黃帝陵、秦始皇陵、漢武帝茂陵、唐太宗昭陵和武則天乾陵等。那時，他們各自的家屬正自祭拜。家屬們和侍衛們互動頻頻。是清明掃墓？還是他們的忌日？冥誕？

　　其次，撞上了西安八大怪：麵條像褲帶，辣子一道菜，房子半邊蓋，姑娘不對外，不枕枕頭枕石塊，帕帕頭上戴，唱歌吼起來，有凳不坐蹲起來。

　　再次，撞上了興教寺、青龍寺、香積寺、法門寺、大興善寺、草堂寺和大清真寺等。這時，善男信女群集，虔誠祭拜，口中唸唸有詞。是了！普天之下，芸芸眾生，誰不祈求平安幸福？富貴長考？

　　接著，撞上了大雁塔、小雁塔、鐘樓、鼓樓、西安城牆。也是湊巧！大雁塔裡，杜甫、岑參、高適、薛據、儲光義、李商隱、韋應物等正作「曲江赴宴，雁塔題名」詩會，白居易正在題詩，自誇他最年輕。更妙的是，整整一天，白天定時叩鐘，夜晚定時擊鼓。

　　還有，撞上了西嶽華山和華清池。他們都從歷史和地理教科書裡躍了出來。華清池且「大鳴大放」。我看

到了唐玄宗的蓮花湯、唐太宗的星辰湯、楊貴妃的海棠湯和御廚的尚食湯。什麼？你問我唐玄宗和楊貴妃在蓮花湯洗浴還是在海棠湯？那怎麼能看？看了會害針眼的。我只能告訴你，我看見了楊貴妃用的廁所叫「淨心閣」。

並且，撞上了秦俑。他們是經過塑型、雕飾、焙燒和彩繪等過程而成的，卻是栩栩如生。他們並且告訴我，從商代和西周已經流行人殉，先是以茅草束扎為俑，然後改用木、土、石、玉、銅等材料製作，也出現動物俑及各種生活用品等陪葬品。他們都一一給帶出來和我見面呢！

另外，又撞上了一陣陣煙霧。那是一群煙草發出的。見到我，他們急急跑前來向我哭訴，說林則徐如何虐待他們，如何對他們施以酷刑，甚至抄家滅族，用一把火把他們及親朋好友全部燒得精光。

最後，多嘴的導遊更夾著龐大的一堆話，猛撞向我，撞得我鼻青臉腫，天昏地暗。仔細一看，他丟給我的竟是地下資產。西安大半土地禁止開發。原因是地下埋藏極多財寶古物；一開發就給破壞了。現在出土的秦俑就是一例。

依照這情況，西安蘊藏多了。下次有機會，我絕不放棄！

2006.1.1　更生日報「四方」文學週刊

打水漂兒

　　貝加爾湖，好大的湖，而且波平浪靜，在這裡打水漂兒，正是好所在。

　　來！打水漂兒，在這裡，在這湖，在這貝加爾湖的湖面。

　　撿起扁平的石塊，朝水面用力平打出去，它便沿著水面向前漂過去，一跳一跳地，像蜻蜓點水，一次次掀起漣漪，也像青蛙游泳水面，然後沉沒下去。

　　「我怎麼打不來呢？」

　　「要選扁平的石塊呀！」

　　「哦！」

　　　　………

　　「可是我還是打不來。」

　　「要用力呀！」

　　「我用力了。」

　　「那就是姿勢和方法的問題了。姿勢和方法不對，用再大的力也不行。來！就這樣：把身體斜向一邊，沿

著水面平打出去。記住！不是投擲入水，是沿著水面平
打出去。」

…………

「哇哈！成功了！」

「好呀！」

「可是持續漂得不夠久。」

「那還用說？你還不夠熟嘛！天下沒有一步登天
的事。成功必須吃盡千辛萬苦。功夫必須經過千錘百
練。多練習！等練熟了就好了。」

開始的時候，大概就是這樣。

然後，就是勤練了。一次次地撿扁平的石塊，一次
次地平打出去。熟能生巧，像練習各種技藝，越練越好。

然後，由小溪到大河，由小水窪到大水窪，由小湖
到大湖……。

現在，我就在貝加爾湖打水漂兒。

這是一個機緣。

貝加爾湖，好大的湖！湖面寬廣，而且波平浪靜，
正是打水漂兒的好所在。

貝加爾湖，距我初始的地方多遠呀！我是從初始的
地方打起的，一跳再跳地漂打過來。那向前跳著的扁平
石塊，就載著我！

那麼，再漂過去，會是哪裡？

再過去是滿洲里？然後是別的國家？⋯⋯

人本來就是這樣：越長越大，越走越遠，接觸越多，見識越廣，心胸越寬大⋯⋯。

2006.1.11　中華副刊

天下第一曲水

　　它是天下第一曲水。它，在內蒙古，在呼倫貝爾大草原。

　　天下第一曲水……。

　　遠遠望去，它是特別長的一條龍？一條蛇？一條蚯蚓？一條路？一條繩子？一條曲線？……任你去猜去想吧！

　　黑黑的一條水，長長的一條水，彎彎曲曲，逶迤在這廣大無邊的大草原裡，穿行在這無窮無盡的綠境裡。其長有否千里萬里？它彎了多少彎，轉了多少轉？曲了多少曲？……

　　天下第一曲水在眾人的想像和嘴裡型塑而成。

　　它擁有許多泥土的香味，許多草的香味，許多水的香味，許多情韻的香味。

　　它涵泳著許多生命的氣息，許多幽微的力量，許多深奧的哲理。

　　它強力牽引著我們前去一探究竟。

　　只見水是清的，清到可以見底。它坦胸露體，毫無遮掩。那些水底的泥土和砂石及生長在水中的動物和植物，歷歷可見。當然，它也映照出兩岸的草木和藍天白雲、星光嵐影、翻飛的鳥雀、蝴蝶、蜻蜓等等。從遠處望見的黑色，想當然是泥土造就的顏面了。那是泥土被水潤濕的顏色吧！它的顏面果真是黑的？黑和白又如何分辨？「遠近高低各不同」！

　　水是所有生物滋長的泉源，生命的乳汁。凡有水的地方，所有生物，不管是動物是植物，甚至是人類，都會不辭辛勞地老遠跑來聚居。這條曲水雖然不很寬大，吸引人類聚居的力量不足，兩岸附近卻磁吸了不少生物。牠們生長著，興盛著，繁殖著。多少水草和灌木在這裡歡舞？多少牛羊在這裡飲水取食？多少蟲蛇在這裡存活歌唱？多少鳥雀在這裡展翅飛翔？多少魚蝦貝類在這裡悠游？還有多少生物將它當成一座山，作為靠背？

　　河面不寬。水流不大。它兀自緩緩地流著，發出潺潺淙淙的聲音。是一個鄉間小姑娘吧！不施脂粉的，不避僻遠的，不畏孤寂的，樸實純良的，與人無爭的，悠然自得的，偶而還會嬌羞地嫣然一笑。是吧！這條曲水就是這樣的一個鄉間小姑娘吧！

　　它就這麼流著，緩緩地，潺潺淙淙地，很瀟灑地，

很悠閒地，很自在地，在這廣大無邊的草原裡，在這無窮無盡的綠境裡，在這內蒙古無窮無盡的綠色廣大無邊的大草原裡。人們重不重視它，理不理採它，它都不在乎。它只是本本分分地流著，貢獻出它的力量，加惠予靠近前來的生物。

　　它，天下第一曲水，就這麼流著，不管人家說它是特別長的一條龍，一條蛇，一條蚯蚓，一條路，一條繩子，一條曲線……。

　　別去騷擾它！讓它自在地流吧！

　　　2006.2.12.　更生日報「四方」文學週刊

腳踏實地一踩

　　世界詩人大會今年輪由蒙古國主辦，為第廿六屆，從九月三日到同月九日。我前去參加，並接受大會和在美國的世界藝術文化學院頒發榮譽文學博士學位。在出發前，好些朋友紛紛問：到呼和浩特？還是海拉爾？……有的人甚至還問：到中國大陸？可見很多人對蒙古國都陌生。我的回答為不是。是以前那個外蒙古，也就是歷史上建立元朝那個蒙古。「嗯！知道了。在很遠的地方吧？」

　　其實，我也只能這麼回答。那是一個相當遙遠的地方！我是回答了；但那裡到底生成什麼樣子？我從沒去過，所知也不多；我能怎麼回答呢？所以去前曾給一位編輯朋友 e-mail 說，「蒙古國，是那個以烏蘭巴托為首都的獨立國，以前在地理和歷史書上讀到過的外蒙古。那是虛虛的，像在夢中的；這次要腳踏實地地踩它一踩。」

　　可不是嗎？乘坐在飛機上，真有虛虛的感覺，好像

乘坐在以前所讀的地理和歷史課本以及一些大眾媒體的報導裡，騰雲駕霧在空中，一無所托；當在首都烏蘭巴托機場下機，才「腳踏實地」，有真實的感受。

但是沒多久，這真實的感受卻被來接機的蒙古老友森・哈達這一句話給吊到半空中：「現在這裡夜晚的溫度最低降到攝氏零下四度。」

是嗎？現在已是半夜過了，天氣才不過覺得比台北稍冷，須穿台北初冬的衣服，本屆蒙古籍的大會主席門都祐博士在 e-mail 中也告訴我，天氣稍冷，需帶秋天的衣服；不會是哈達故意嚇唬我們吧！此後三天，天氣也是如此，更叫大家不相信他的話了。不過，雖然懷疑，我卻傾向於相信他的話。我和哈達相識於一九九六年八月在日本郡馬縣前橋舉行的第十六屆世界詩人大會，至今已超過十年；這十年多時間裡，兩人雖不怎麼熱絡聯繫，甚至斷了音訊一段時間，但我相信他應不至於說謊，何況他說的是最低溫。果然第四天前往草原時碰到了。那天下午，我們在一個定點參觀蒙古的飆馬和相撲等表演，風在廣闊的草原裡猛吹猛颺，肆無忌憚地呼呼大叫，越近傍晚天氣越冷，到後來竟乾脆下起毛毛細雪來。雖然只穿短褲光著上身的相撲勇士，不畏寒冷，仍認真賣力地纏鬥著，蒙方主持人仍在場主持，我們這些觀眾卻早已一個個被冷得溜進遊覽車裡，躲避寒冷。那

天夜晚，住在蒙古包裡，雖有鐵火爐升火抵禦寒冷，我仍半夜被冷醒好幾次。次日大家談起，和我一樣半夜被冷醒好幾次的比比皆是。還不只這樣呢，這天我們驅車前往十三世紀蒙古帝國資產等地參觀，午餐後步出餐廳，一陣暴風雪如台灣的西北雨，紮紮實實地下下來，大家被打得冷透肌膚，滲入骨髓，這才叫領略了蒙古國的真正寒冷況味。我事先有準備，帶夠了保暖的衣物，仍被冷得受不了，一部分沒帶夠衣物的，就更難受了。

　　除了烏蘭巴托，一般說來，蒙古國是貧窮落後荒蕪的。烏蘭巴托是該國首都，繁榮的程度只比台北稍差，市場、醫院、交通、文教和人民生活等各方面都有相當水準，宗教特別昌盛，寺廟不少，寺廟建築巍峨，金碧輝煌。此外，其他地方便都貧窮落後荒蕪了。以幣值來說，我曾玩笑地說，一個普通台灣人到那裡，便會立刻成為富翁。一元新台幣可換三十三元多蒙古幣，一個台灣人只要帶一百萬元新台幣，不就可換三千三百多萬蒙古幣，成為富翁嗎？曾在一處出售紀念品的商店購買紀念品，我從一疊換得的萬元蒙古幣中抽出一張付款，那位婦人家便用英語慎重其事地告訴我，那是大額票（big money），要放在口袋裡，以免被偷。其實一萬多元蒙古幣換成新台幣不過三百多元而已。難怪住紐約的紐約社區報「無根草」詩刊主編謝青回去後，寫了一首詩「走

過蒙古」會寫道：

> 大汗（按：應指成吉斯汗等）
> 長年督導子弟揮刀躍馬
> 並未解除蒙古貧窮落後
> 治國須有新思維
> 悔未想到
> 幾百年後是科學領軍！

真的，蒙古國面積有一百五十六萬六千五百平方公里，為台灣的近四十倍，人口和台灣差不多，人民經濟和生活水準卻差台灣很多。之所以如此，主要是地不小卻荒瘠，除阿爾泰山、系楊山、杭愛山和肯泰山等四大山脈外，蒙古大戈壁是名傳遐邇的世界第二大沙漠，據說由三十三個小沙漠組成。這些佔去了相當大面積的山脈和沙漠當然不利種植；其他地方則大部分是高原，也是貧瘠之地，不利種植，只得任其長草，成為草原，飼養牛、羊、馬等牲畜，住民自然成為遊牧民族。另外一個大原因便是乾燥少雨。蒙古國年雨量只有二百五十釐米，台灣有時一天雨量就超過它很多，屬於世界乾燥地帶之一。外地人到那裡，最敏銳感到的就是皮膚的乾燥，嘴唇要裂要裂的，手指甲角質明顯增長很多。因為

土地不利種植，農業不發達，蓄牧業繁榮，所以牛羊肉便宜，疏菜水果貴；但大會準備的餐點，卻是蔬菜水果比牛羊肉多。人同此心，心同此理：認為以貴的招待客人，才是對待上賓之禮！沒想到正好相反，尤其是生菜沙拉幾乎三餐都有，有些與會者吃不慣或甚至不敢吃，形成暴殄天物。另一件叫很多人不習慣的是他們的沒有時間觀念。除了前三天的會議較守時正常外，幾乎時間都錯亂了。譬如第四天出發到草原活動參觀，出發前隨車導遊說大概兩個小時行程，結果費了六個多小時才到。譬如每到一個定點參觀、用餐、如廁等，總是不宣佈上車時間，後來很多人建議了，即使宣佈也是形式，並不積極催促，一定要拖到大家都上車了才出發。很多人抱怨他們沒時間觀念，思想落後，做事不科學，建議改進；但是抱怨歸抱怨，他們口頭答應，其實仍然我行我素，不稍改變。我卻覺得，這各有其妙處。處在科技世界裡的人，寸陰寸金沒錯，生活步調緊湊，被時間追著跑慣了，看不慣那種不守時，什麼事都不積極，拖拖拉拉，順其自然；但是回過頭想一想，那樣也沒有什麼不好呀！這只不過是生活習慣不同而已。「日出而作，日入而息」，悠然自適，怡然自得，不計誹譽，忘懷得失，與世無爭……過這樣的生活有什麼不好？古今中外多少智者在追求著呢！世界詩人大會的宗旨：追求和

平，四海之內皆兄弟，最終不也是如此嗎？

　　話說回來，雖則蒙古國許多方面都貧窮落後荒蕪，人民經濟和生活水準差；但有一項卻是各國之所不及。那就是總統親自前來參加這屆世界詩人大會開幕典禮，向來自各國的詩人講話，而且有始有終，直到典禮結束；另外也親自設晏招待大家，向大家敬酒。這是其他各個國家所沒有的。他們可能整日汲汲於政治權謀，攬權抓錢，忙得不亦樂乎，無視文學的存在。蒙古國政府則不然——至少總統十分重視文學，十分重視詩。不知道這世界是否要冠上一句「禮失求諸野」？

　　　　　　　　　2006.11.21　中華副刊

哇，葡萄溝

哇，葡萄溝！

葡萄溝，早從書本、雜誌和親朋好友嘴裡獲知，聞其名久矣。那趟旅遊，自從知道行程安排前往參觀，可使踏夢成實，美夢成真，心中便漲滿了對它的嚮往，並一直延續而下，不時鼓漲整個旅途的興奮情緒；當它變成事實，這一情緒便達到最高點。

哇，葡萄溝！真的唷，葡萄溝呢！

所謂葡萄溝，其實不是真的有一條溝，全部都種葡萄。那是一個象徵性的名稱。這裡，正如屈原所寫的「流沙千里些」，眼前所能看到的全是：葡萄葡萄，葡萄園葡萄園。那真的是「千里」呀！其實從進入吐魯番境，眼睛所接觸到的便都是種滿葡萄的葡萄園了。千里應該名副其實的。說是馬奶子葡萄，小小的，沒子的，很甜的，很香的。沿途也可看到曬葡萄乾的涼房。很奇怪的是，吐魯番的馬奶子葡萄，在當地種出來是無子的，據說有人給拿到別的地方去種就變成有子了。更奇怪的

是，當地白天很熱，氣溫可高達近攝氏五十度，晚上則降到攝氏近十度，日夜溫差奇大。雨量又奇少，整年乾旱，全年下雨量竟然只有十五公厘，蒸發量則達三千公厘，蒸發量超過雨量二百倍，如果沒有水，人都要被蒸發成人乾；但當地的人卻不希望下雨。原因是，他們把葡萄掛在涼房裡「涼乾」而成葡萄乾，天氣必須乾熱才成，否則會曬不乾甚至發霉。而由於乾燥不濕，所以即使很熱，也不全身濕濕黏黏的，反而覺得乾爽。至於水嗎，他們不愁；因為有個坎兒井在。坎而井據說是蒙古人米依木阿吉發明的，又傳說林則徐出使西北時也參了一腳，予以保固增強。這井很神奇，井水是從天山引來，全程都在地下約二十公尺處流，所以不但不會蒸發掉，而且乾淨透涼，飲用和灌溉兩便。由於熱則熱如火，水則從深深的地下來，當地人自稱「水深火熱」。別誤會，這「水深火熱」不但不能負面去解讀，還要偏正面去肯定喲！

其實到達葡萄溝的前一天晚上，晚餐就在吐魯番一個民族訪家用的。其情景至今還在我的腦海裡縈迴不去。那是一個道地的維吾爾民家。前庭上方是葡萄棚，棚中有坑，鋪了華麗的地毯，擺上矮桌。晚餐就在那裡用。吃的免不了羊肉之類。這沒什好說的；最大特色是，棚的邊邊有小溝，溝內流水潺潺，棚間晚風習習，而葡

萄在餐桌上有，頭頂的棚上也有，就掛在葡萄藤上，成串成球，晶亮晶亮，如翠玉，如瑪瑙，隨便伸手可以摘取。那是何等的詩意呀！最讓我忘不了的是，庭邊連著別人家的葡萄園，葡萄結實累累，我私下拿了相機進去拍照；沒想到才一會兒，有人來了。我想當然那一定是園主了，怕他誤以為我要偷他的葡萄，會對我採取什麼行動，趕快向他解釋是來拍照的。說時遲，那時快，他連聽都沒有，伸手往葡萄藤裡一探，採下了一大串一斤多重的亮晶晶的葡萄送給我。我真的是受之有愧。那串葡萄重是重了；但是在我來說，情意更重。事後我寫了一首名為「一串葡萄」的詩，便這麼寫：

粉綠的晶珠
每顆都鼓脹飽滿
泛溢著友情的芳香
包裹著友情的瓊漿

比翠玉更珍貴的
這一串葡萄
令我捧得手顫
令我接得心動

　　真的，那葡萄真的有友情的芳香和瓊漿，而且奇重，重得「令我捧得手顫」！直到現在，附在那些葡萄上的友情的芳香和瓊漿還在我的心裡翻騰著哪，而且我想它們將跟隨著我此後的人生，和我永不分離。

　　待進入葡萄溝，那情景就更叫人興奮不已了。葡萄，葡萄……那真的是相連到天邊。反正在裡頭，所看到的除了葡萄，便很難看到別的了。說相連到天邊，其實可能也是一種想像；因為向前方向遠處看過去，全都是由葡萄的碧綠葉子、褐色蔓藤和晶珠似的葡萄所畫就的美景，無有盡處，根本看不到天。除非往上看，還有看到天的可能。而透過扶疏的葡萄樹藤枝葉間隙，篩落下隨風而動不定形或大或小的陽光，則在地面和樹蔭共同展演著黑白動畫。常常可以看到的是，樹蔭的黑和陽光的白時不時在地面玩「你追我趕」的遊戲。猶有進者，在葡萄溝裡，最大的享受便是整個人等於浸在葡萄的香氣裡。身入葡萄溝，享用葡萄當然是不用說了。葡萄，馬奶子葡萄，小小的，無子的，很甜的，很香的，讓人吃後甜在嘴裡、心裡，香在嘴裡、心裡，久久不散，真是「繞樑三月」哪！那不但是一種味覺的享受；嗅覺的享受更不亞於味覺。葡萄的甜味會長時間跟著人走，其香氣更黏著人不放。甜和香兩者同樣美好，同樣令人難忘；混合起來，更加倍美好，加倍令人難忘。即使離開

葡萄溝了，葡萄溝仍常在我心，包括葡萄溝裡養眼的美景、安享吃葡萄的甜味和嗅聞到的葡萄香。

　　不錯。雖然我已經離開，葡萄溝一直深藏在我心裡。我不時安享葡萄的甜味，嗅聞到葡萄的馨香……。

　　　　　　　　2006.12.24　　中華副刊

鎩羽青藏高原

　　和許多人一樣，懷著興奮的心情，前往青藏高原一遊，希望能到那個所謂的「秘境」親身體驗一下，去看一看那裡的藍天青山綠水，去看一看那裡的秘藏佛教，尤其去看一看那世界唯一的青藏鐵路，親自嚐味坐在上面的感覺；但是，沒想到這一行竟叫我吃盡了苦頭，鎩羽而歸。

　　是六月二日出發的。預定行程十二天。我參加的這個旅遊團，其旅行社我本來就熟悉，已經跟過好幾次了。該旅遊團的計畫是，由青海省會西寧乘遊覽車上去，由低處起，一級一級慢慢爬，慢慢墊高。這樣可以避免乘坐火車或飛機，突然一下到高處，罹患高山症。很多人罹患高山症就是這樣來的。

　　去中國大陸旅遊，我已經有十幾次的經驗，許多地方都有上廁所的問題，尤其到西部偏遠的地方。那邊上廁所很困難，常常很遠很遠沒廁所，大家急了，遊覽車便路邊一停，喊個「男左女右」，大家便在路邊各自方

便起來。記得我第一次碰到這情形，是十幾年前，在內蒙古大草原，幾十幾百公里都沒住家，那來廁所？只好臨時路邊停車方便了。我初次聽到還莫名其妙呢！其實這如廁方式我相當熟悉，我小時候也是這樣做的。那時在鄉下，走到哪裡，急了便這樣就地解決。那時大家都如此，尤其是男孩子，沒什麼好奇怪。女性初次或許會不好意思，最多打開傘遮一下，幾次過後也就沒什麼好奇怪的了。

　　話說旅遊團在澳門、深圳、珠海盤桓了一天，先做個暖身，便直奔西寧而去，開始青藏高原旅遊的行程。在西寧、青海湖、鹽湖和格爾木等青海境內，除了兩位女士稍有暈車、暈船而外，情況還好，沒什麼問題。其實哪裡知道問題正在暗中醞釀。從西寧開始，連兩晚，我都夜晚一點多因呼吸不順和稍為頭痛而醒過來，約莫經過一到兩個小時才又睡著。第一天不以為意，認為那可能是碰巧；可是連續兩夜如此，而且人有些不平衡，走起路來搖搖晃晃的，我便警覺到可能是罹患高山症了。我向內人蜜子說起。她是國泰人壽退休下來的。我們都有該公司的保險。她立刻撥電話給該公司海外急難救助中心，請求急難救助。該公司立即請醫師在電話中和我對談，想瞭解情況，決定是否啟動救助。因為包括旅行社老闆領隊小易都認為，那只是一時沒法適應，稍

有高山症反應而已，最多走路不穩，只要小心走路、行動尤其晚上起來小便早上起床不要太快就可以了，所以沒啟動急難救助。沒想到次日就發生事故了。

那天，我們已離開青海，來到西藏境內的沱沱河，也換了西藏遊覽公司的遊覽車，啟用了在青海沒有啟用的氧氣筒。好些人也都或多或少出現高山症現象，紛紛戴上氧氣罩，尤其陳先生，他另有高血壓症和糖尿病，三者加在一起，更是艱苦，整個人幾乎已經癱瘓了。是剛過午不久，和這幾天一樣，司機又把車子停在路邊。大家已知要「男左女右」，便紛紛「各就各位」，尋找其位……。我怕站太靠近道路，不好意思，便不顧身帶高山症，搖搖晃晃地走向路的左邊，想盡量靠路的邊邊，

　　一步，一步，再一步
　　突然，嘩啦，轟隆

原來危險的陷阱就在腳下，土地一鬆，腳下一軟，我人就跟泥沙一樣，整個掉落據後來他們估計約有一層樓那麼深的溪崁裡。以後這一段時間的事我就暫時不知道了。當我醒來時，額頭包紮著，照樣坐在遊覽車上。據他們說，我掉下去以後，司機很快便下到溪底，把我

背上來；由於那裡沒有醫院，他便開著車子，載著我，在大家的陪同下，開了好一段路，才找到一家小診所求診，由醫師給我額頭的傷處縫了十二針。我醒來這時已是醫師幫我處理過傷口，包紮好，坐在車上了。

之後，我被送進了拉薩的西藏自治區人民醫院，在急診室觀察。陳先生則因為三種病並發，正式住院。

這個醫院雖然相當大，設備卻比較老舊，給我印象最深的是廁所相當不「高明」，舊的蹲式糞坑而外，地不平，稍微積水，燈又昏暗，搶救不及的病人屍體也推去放在那裡；可是我整天躺在急診室，吊點滴，加上攝護腺本來就不好，不要多久就得搖搖晃晃地上廁所小便一次，真的很不好受。

國泰人壽海外急難救助既然前一天行不通，我和內人蜜子也就不敢有所寄望了。沒想到「禍不單行」，壞事連著來。本來想實現乘坐青藏鐵路的夢，要在醫院休息醫療，等七天後和他們一起乘坐回來；不料到第四天，如雷的壞消息轟隆而來了：帶我們前去的旅行社老闆——我們的領隊小易竟然摔斷了右腿膝蓋下腳骨頭。他帶隊來過幾次了，所以我初次請求國泰人壽海外急難救助中心救助時，他還很不以為然地向對方說沒關係，待我進西藏自治區人民醫院醫師說他也有高山反應症

時，他也一副滿不在乎的樣子；可是這下他不得不承認，「載志大條了」。他不能帶我們了。他要先回台灣治療，委託團員中的張先生帶。這我可得另想辦法了。逼不得已，蜜子只好回頭找國泰人壽急難救助中心。經過該中心請他們的專業醫師和主治醫師洽談結果，該中心決定派北京的黃醫師來護送我到四川成都華西醫院做進一步救助工作。

黃醫師才四十歲，長得高高的，白白的，微胖，人很好。他背了一個相當大的背包，裡面裝了備用的醫用器材，譬如血壓測量器、氧氣測量器等。一來，他便忙著為我量血壓，量氧氣，調出醫院的 X 光照片和斷層掃描照片，和主治醫師洽談……終於正式決定護送我到成都華西醫院，做進一步治療，一切費用都由國泰人壽支付。

很奇怪的是，沿路我都相當虛弱，不平衡，走路搖搖晃晃的，乘坐救護車而外，上下車還要人扶，走路還要用輪椅推；可是一到成都，不平衡的現象就好很多了，正應驗了先前那些醫師說的「離開這裡就好了」。

安置好以後，黃醫師就回北京去了。

我在華西醫院住了三天，覺得情況差不多了，便和國泰人壽海外急難救助中心連絡，準備出院。可是問題來了。該中心說，我已經好了，不符合急難救助的條件，

不再付費帶我回來，我自己去買機票回來即可。我問他們，這是不是把在太平洋受海難的人救到東海，然後放在那裡，讓他載浮載沉？最後他們便不再堅持他們的說法了。

　　回來後，我除隔兩天去台北醫院拆傷口的線，還去看神經內科；因為我去年患的暈眩因這次事件又引上身了，總是我彎身低下頭便會暈眩，尤其晚上上床和早上起床總是天旋地轉地站不穩，仿佛我人仍在西藏。經過一個多月的靜養和自我調適，我現在已漸漸脫離暈眩的魔掌了。阿彌陀佛！

　　　　　　2007.8.26　更生日報四方文學週刊

貴州印象

　　貴州向來給人的印象是蠻荒之地。蠻者，如王陽明說的那地方「夷人鴃舌」，文化水準低落；荒者，不外一提起，一般人便常掛在嘴邊的「天無三日晴，地無三里（尺）平，人無三兩銀」這句話。那或許是因為貴州自來山多，地不平，交通不便，當地流行說，如果有人一天見到十輛單車，就是「大飽眼福」了，恐怕見到「車騎人」的機會更多呢！而天氣變化無常，忽晴忽雨，所以天氣不能問，問了也沒人敢回答；至於方向也是不能問的，因為山多，每每叫人不分東西，還加上人民窮困，經濟落後……。自古以來，凡官場不得意者常被貶到這蠻荒之地，最為人所知的還是王陽明。他被貶到修文，日日思鄉卻歸不得，欲哭無淚地感嘆：「山峰連際兮飛鳥不通，遊子歸鄉兮莫知西東。」可是現在已經不同了。正是所謂「士別三日，刮目相看」也。

　　雖然不能如當地人所說的「晚上下雨白天晴，鄉間馬路處處平，過年過節滿身銀」那麼誇張；但是跟印象

中的貴州相比較，已經大大不同。雖然地還是貴州的地，還是「八山一水一分田」，偏遠的地方還是落後貧困；但是經過一翻開發建設，貴州已不是當年的貴州了。當地人已經被形容為「捧著金飯碗去要飯的乞丐」了。他們擁有亞洲最大的金礦、汞礦，並有銀、煤等礦產，有豐沛的水利及利用出來的發電，有許多名貴的中藥材，還有不計其數的豐富的旅遊資源。

一提到貴州的旅遊資源，誰都會連想到黃果樹瀑布。其實何止於此？只因黃果樹瀑布為中國第一大瀑布，很早便被開發，以致名聲響亮，而其他地方因交通不便，未被發掘出來，它們也各有其特色。其實，貴州交通現在已經不同往年，航空鐵公路已經四通八達，大略是以省會貴陽為中心幅射出去，航空方面可通北京、上海、廣州、深圳、武漢等地，鐵路有川黔、貴昆、黔桂、湘黔、南昆五條幹線，全省公路通車里程據 2000年統計已達 33604 公里。許多景點次第被開發出來。

去年底今年初，我冒著因去青藏高原罹患高山眩暈症初癒之險，跟團去了一趟貴州，遊覽了貴陽夜郎洞、青岩古鎮、花溪公園、天河潭景區、鎮山村、黔靈山、弘福寺、甲秀樓、安順花溪大峽谷、北盤江大橋、三岔河風景區、雙乳峰、馬嶺河峽谷天星畫廊、萬峰林、萬峰湖、興義羅平、魯布革小三峽、九龍瀑布、黃果樹瀑

布、天星橋、天龍屯堡、五龍寺、紅楓湖等地，並深入苗寨，與苗人共舞、活動，瞭解其民俗婚俗，可謂賞心悅目，大飽眼福，補回我去年 6 月「鎩羽青藏高原」的掃興。

貴州遊覽是一支交響曲，由山、林、岩石、溪河、湖泊、瀑布、洞穴、峽谷和茅苔酒、寺廟、風土民俗及少數民族習俗所組成。大致歸類，山、林、岩石、溪河、湖泊、瀑布、洞穴和峽谷是自然風光，茅苔酒、寺廟、風土民俗及少數民族習俗則是人文景觀。

山是貴州的特產之一。這是誰都知道的。這由所謂「地無三尺（里）平」可以概括。除了幾個都市鬧區，身入其境，幾乎滿眼是山，多到王陽明形容成「飛鳥不通」，多到讓人「莫知西東」。有山必有岩石。其岩石且多是奇石。大多是喀斯特地形地貌，少土壤而多石板層。這種地形地貌最早發現於南斯拉夫。貴州高原則和南斯拉夫及拉丁美洲成為世界三大喀斯特高原地形地貌。當地少數民族尤其是苗族、布依族等到現在還大多以其石板來建造房子，從地基到牆壁到屋瓦，尤其以薄石板當屋瓦，成為聞名的所謂石板屋。這是很特殊的景觀。當然，有山也不乏樹林。貴州的山大都不是不長林木的荒山；因此身入其中，只見滿山蒼翠的林木，有的樹木樹幹竟大到十三個人雙手拉開還沒法圍繞。它們製造出無數的芬多精，尤其在深山中，在瀑布旁，更有吸

之不盡的這種有益人體的氣體。至於養眼的綠更不用說了。貴州多雨，水量豐沛，發電量遠遠超出當地使用量，所以有靠「西電東輸」的收入；而因水量豐沛所自然形成的溪河、湖泊和與山地形成的瀑布，便也形成了該地的一項旅遊大資源了。此外，山多，岩石多，且是喀斯特地形地貌，洞穴和峽谷便處處可見。這些洞穴和峽谷大多是鐘乳石岩洞，其奇形怪狀便深具可看性；而岩洞有時忽大忽小，彎彎轉轉，洞中有洞，進入裡面，甚至如入迷宮。記得過天星橋進入石林時，在某個旱洞中，曾經和內人蜜子及兩名同行者，沒跟上隊，鑽錯了洞，正在焦急，突然右斜側有人語聲，走出了同伴。原來我們鑽錯的洞是一條捷徑。我們反而少走了一段路。這些洞穴和峽谷若和水配合，則更形成地下溪河、地下湖泊，可以乘船遊覽，在船上，可以看到許多由山石自然形成的奇形怪狀的景象——自然的神雕、壁畫，其遊覽的價值更深一層。此外，它們也容易形成瀑布。黃果樹瀑布便是最著名的。提起它，那是我這一生中到目前為止所見最大的瀑布，也是世界上最壯觀的瀑布之一，高74 公尺，寬 31 公尺，原名白水河瀑布，是浩浩蕩蕩的白水河，流到這裡驟然間由斷崖上跌落而形成的。雖是冬天枯水期，沒有漲水時節那萬馬奔騰的磅礴氣勢，仍然如萬縷銀絲披掛，如銀河倒瀉，氣象萬千。

　　自然風光而外，茅苔酒、寺廟、風土民俗和少數民

族的特殊習俗也是遊客遊覽的重點。茅苔酒聞名中外，遠近皆知。它沒有高粱那麼烈，那麼燒燙喉嚨，據說不傷肝，反而利肝。這就更神奇了。至於寺廟，如安順的文廟、青岩古鎮的古寺、貴陽的黔靈山弘福寺等，也是相當聞名的。其宗教大致和一般我國民間的佛道合一相同。風土民俗或有不同，譬如我們稱呼年輕女性小姐是一種尊敬，對他們可不能這麼稱呼了，那是指在色情場所服務的女性，要稱呼丁子，追女生叫拔丁子。其較特殊的可以貴州八怪概括：石片當瓦蓋（石頭屋），無辣不成菜（特重辣，安順便以產辣椒出名），草根當好菜（嗜吃魚腥草），樹皮當藥賣（杜仲），三隻老鼠一麻袋（竹鼠特大），背著孩子談戀愛（苗族試婚，有身孕證明能生育才結婚），褲腰帶頭上戴（將白黑寬帶子繫在頭上），廁所隨身帶（女孩走遠路沒廁所，穿長裙以遮其隨時隨地如廁）。這八怪很多都是少數民族的特殊習慣。據導遊說，中國有 56 種少數民族，貴州就有 48 種。少數民族各有其特殊習俗，林林總總，即使貴州當地人也沒能全部知道。

　　一次貴州旅遊就此完成。它是一支美妙悅耳的交響曲，可以讓人日後回味無窮的。

　　　2008.8.17　更生日報「四方」文學週刊

留得青山在

尊敬的其正本尊：

時光匆匆。恭喜你退休已歷十年了！更恭喜你，在這十年裡，你當初提前六年退休的心願，一一如實兌現。你不像有些老人，一天到晚，如台語說的：「坐著就哈氣（打哈欠），倒下（躺下）就睏不去」。

不是嗎？從小你就喜愛閱讀和寫作。在這些退休的日子裡，你不停地「悅讀」你之前沒空讀的書籍，包括古今中外的讀物，尤其是文學和哲學方面的書籍，更尤其是詩方面的書籍。你一有空就沉浸在你喜愛的書海裡，「揀食」那些作者嘔心瀝血的智慧結晶，悠遊在那些字裡行間，不自禁地自我享受和陶醉，是多麼滿足呀！

不是嗎？從退休開始，你便一頭栽進寫作的園地裡，以致於不能自拔。數一數，這六年來，你出版了七本詩集，包括中英對照的三本、中希（臘）對照的二本和中蒙對照、中希英義對照的各一本，還寫了不少散

文，已發表的詩文要印可有七本，每年寫作發表的作品總在一百五十首（篇）以上；雖然你近來在國內發表的作品少了，卻把作品往國外送，包括大陸、日本、英國、希臘、巴西、澳洲、韓國、蒙古、印度、菲律賓，美國及義大利等十餘國，當然以中、日、英、希、蒙、義等國文字發表；也因此而獲得國際詩歌翻譯研究中心和世界文化藝術學院各頒給你榮譽文學博士學位，國際詩歌翻譯研究中心並頒給你 2004 年世界最佳詩人。你這樣的收穫可是相當豐碩了。

不僅如此，你還去旅遊，還去打桌球。這樣的生活，可說是多彩多姿，比你退休前更忙好幾倍……。

可是，你有沒有想過蠟燭過度燃燒的後果呢？此時節制或許對你很有必要。前年你接續發生三件以前沒有發生過的事：一、因為寫作尤其打電腦過久，染上了嚴重的眩暈症；二、到青藏高原旅遊時摔入沱沱河路邊深溪裡，額頭縫了十二針；三、因為打桌球過度以致肩背頸部僵硬酸痛，休養了一年多。這是對你的一些警訊。它們明白告訴你：蠟燭不可過度燃燒。你應該有所了然於心吧！因為我就是你，對你很瞭解，也極度關心你，才提出來奉勸你。但願你能聽人勸：多多節制，適可而止。畢竟你已有一大把年紀——七十歲了，注意保重自己的身體是必要的；不能像年輕人一樣揮霍身體資產。

「留得青山在，不怕沒材燒」呀！

　　　敬祝

　　健康快樂

　　　　　　你的分身其正敬上

　　　　　　2008 年 8 月 1 日

　　　－2009、2、13　亞特蘭大新聞「亞城
　　園地」文學週刊

歷　劫

近一年來，我遍歷了我這一生中未曾經歷過的不少劫難：攝護腺肥大手術開刀、併發性腎藏炎、高血壓、便秘和牙痛牙蓄膿等。

攝護腺肥大手術加住院，歷經一週，七月廿一日出院時，我曾自誇：

　一週後
　又是一條好漢
　　……
「打折手骨顛倒勇」

　　　　（拙詩「再出發」中句，原刊 7 月 24 日
　　　　亞特蘭大新聞「亞城園地」）

這是我的如意算盤；可是真的如我所願嗎？許會變成是我的自我調侃吧！

　　攝護腺肥大困擾我久矣。應該追源於十幾廿年前。那時我尚在「誤人子弟」。是從頻尿開始的。上課每在一節將結束時就有些尿急。當時不知是攝護腺有問題，並不以為意，後來漸漸嚴重；1998 年退休後，更加嚴重了。每每尿不乾淨，多有餘尿，小便次數明顯增加，嚴重時竟至尿急卻小便困難或尿很久才尿得出來。記得有一次去絲路旅遊，到天水，竟然憋不住，情商司機（大陸慣稱司傅）在熱鬧的大街上停車，我就站在路的分隔島上，尿在花圃裡。真是糗啊！好在那時是晚上，夜色遮掩了某些糗態。

　　當然，冗長的求醫過程是必然的。不是沒有醫師要我手術，我都給拒絕了。台北醫院就有一名陳姓醫師沒經我同意，就給我掛號預約，說下次去就手術開刀；我不便當場拒絕，回家後即刻用語音給取消了。我的想法是，這是年紀大一點的男性（一般偏指東方男性）相當普遍的隱疾，其實不是什麼大病；而且開刀不是百分之百會成功，我一個現在在台北市當律師的學生，就曾因左臉頰靠嘴邊一顆良性瘤（正確地說應該只是稍大一點的痘痘）手術開刀，卻引發蜂窩性組織炎，費了好大工夫療治才處理好，處理好後還去美容。尤有進者，有人開了刀仍然復發，開了好幾次刀還是沒完全好。經過了

十年左右的求醫，我想給拖過去，這裡醫那裡治，不但西醫，還加中醫，更學練氣功驅病療法等，想是否可以幸運地以醫藥或其他避免手術開刀的方法給治好；卻「命不可改」，再怎麼「鐵齒」終歸無用，逃不過那一刀。今年六月底七月初，病情急轉直下，七月一日晚上吃過晚飯後，我全身發冷，顫抖不已；乃進入台北醫院急診室。診察結果，體溫攝氏 39.9 度，血壓收縮壓 190，已是高血壓，有腎臟發炎之虞，醫師予以緊急處理後，要我隔日掛腎臟科詳察。也只得如此了。經過腎臟科醫師安排另日超音波檢查結果，兩顆腎都發炎；醫師即為我掛號轉診回泌尿科。原幫我診療的泌尿科醫師該科洪主任二話不說：「後天來手術。」我能怎樣呢？我原想以不開刀的方法尋求醫療的堅持已然被擊潰，只得向被開刀的命運屈服了。

　　早上八時半，先依約向醫師報到，聽命去 A 棟五樓護士站報到。護士先給登錄，讓我閱讀開刀相關規定，簽署開刀規約，然後進手術室。這時已是下午一時半。先從脊椎施打麻醉劑，作半身麻醉，等醫師診完病人來開刀。洪主任通常病人很多，上午的診總看到下午三點左右。

　　然後就是主菜上桌了。

　　是內視鏡手術開刀。起初只覺尿道、膀胱及攝護腺附近微微異樣，後來發覺有什麼利物在刮，醫師和護士談話聲也清晰可以聽見。大概麻醉藥劑功效快過去了吧！──約一小時後，麻醉劑真正退時，那才難受呢，整個腰椎酸得幾乎要斷了一樣。

　　手術開刀後，在休息室等了約半個小時，就被推到病房。這時的我，只能躺在病床上，任由食鹽水，以點滴方式從插在尿道的輸液管注入，將開刀傷口的血水和尿液帶出體外，儲放入一個小尿桶，等將滿時拿去廁所倒掉。這是攝護腺手術開刀後最重要的工作。血必須排出體外，否則會凝結成血塊，塞住輸尿管，排尿就生問題了。住院一個禮拜中，就曾因護士大意，認為排出的血水夠淡了，把食鹽水放小，以致血塊凝結，阻塞尿道，尿液和血水積聚太多，難受而外，最後尿液和血水還從插管旁的尿道噴湧而出，護士嚇了一跳，忙用打針筒來抽，抽掉輸尿管裡的血塊和尿液，才恢復暢通。──當然在適當時候，也夾注入消炎和止血藥劑，以利傷口消炎和止血。

　　這段時間裡，最辛苦的就是內人蜜子了。她要看護我，包括聽護士的吩咐、與護士互動，提供我的喝水、吃飯和看小尿桶是否滿了，滿了拿去倒掉。（十幾年前，她因車禍住院，一個月後出院時，她瘦了十公斤，我也

瘦了十公斤；這次我瘦了十公斤，她也瘦了十公斤。扯平！）至於兒女孫輩，兩個在台灣的女兒和小女的丈夫與女兒，則只能在早晚來探視幫些忙；兒子在美國的大學執教，當然沒能回來，只是不定時打來電話。

就這麼一直躺到廿一日，醫師認為血水已沖得夠淡了，才讓我出院。

不是出院就好了。還得按期回診。第一次是隔三天，然後是一個禮拜，然後是兩個禮拜……。還得繼續吃藥。還得小心翼翼，防傷口迸裂。據我兒子俊傑在高醫讀碩士時的學弟現任大林慈濟醫院秘尿科主任盧誌明說，運氣好的一個月就好了，運氣較差的半年都得熬。詩友落蒂比我早約兩個月手術，出院後認為沒問題了，而且自小好動慣了，提一桶水澆花，竟致傷口迸裂，血塊堵住尿道，不得已又開刀一次。出生和習性與他很相近的我，本來也可能步他後塵的，得到他提供的這一個訊息，出院回家後，處處小心翼翼，第一個禮拜連下樓梯去樓下信箱取信都不敢。——當然很謝謝他！

現在我已出院近四個月了。一切還算上軌道，只是可能因手術開刀失血多，導致身體虛弱，不小心被風一吹，就感冒咳嗽。醫師給我鎮咳藥吃，卻招徠便秘。曾不得已於八月三十日到台北醫院掛急診。另外最近還併發牙痛牙蓄膿等病症，尚在進行中。我認為是手術後沖

出的血太多，造成身體虛弱，平時潛藏在體內的病菌趁機出來作怪。這是後話。

　　我在鄉間出生長大，一生過得相當健康順利，身體一向健朗，又好運動，向來沒有什麼大病來侵襲，沒想到在這年老的時候，招徠了這一著歹運。這一年裡，我以前未曾碰到的，譬如因攝護腺肥大去手術開刀，譬如因攝護腺肥大併發腎臟炎、高血壓，因開刀血流過多氣血虛弱而致咳嗽及因吃醫師開的鎮咳藥而罹便秘、牙痛牙蓄膿等等，是我以前從未有過的。我是否一葉落而知秋了？「欲知端的，且聽下回分解」吧！

　　2009 年 10 月 4 日初稿

　　2009 年 12 月 5 日第 5 次修正定稿

　　銘謝啟事：失蹤了幾個月，亞城的文友頗多關心的。原來我正處在「歷劫」中。謹以此文代說明。謝謝大家。

2009.11.11　亞特蘭大新聞

「亞城園地」文學週刊

2009.11　文學人

從歷劫到再捷到再接再勵

　　去年七月十五日，我在台北醫院進行攝護腺手術。當時以為這只是一般所謂的小手術，很一廂情願地認為困擾我多年的攝護腺肥大症，可以從此和它說再見了；沒想到事情不是我想像的那麼如意，手術後醫師一再要我回診，到今年一月十五日已經整整回診了半年，醫師卻指著超音波片子上一大片沒刮除的攝護腺增生物說，那是死角，刮不到，要我再手術一次，而且要作雷射手術。

　　我一時楞住了。

　　明明是一大片沒刮除，怎麼會是死角呢？簡直是睜眼說瞎話！這醫師有問題，不可信。我對這醫師產生了信心危機，當場拒絕了他未經我同意就給安排的膀胱內視鏡檢查預約。

　　回家後，我和在美國任教的兒子通電話。幾經商量後，決定改往榮總就醫。醫師是我兒子在高醫修碩士時的學弟推薦的，據說醫術很不錯。

　　這醫師很慎重，要我重作檢查。我說台北醫院已手術過，絕對是良性，沒問題。他無論如何就是堅持要重作檢查，說他也相信是良性的，但是別家醫院檢查的未必正確，他寧願相信自家醫院檢查的。無可奈何，也只好如此。後來我才聽說，南部某醫院曾發生過這樣的案例：信任別家醫院的檢查是良性的，手術下去的結果卻是惡性的。

　　經過超音波檢查、x 光檢查、驗血、膀胱內視鏡檢查、攝護腺切片檢查，加上看結果，該醫師又太熱門，檢查後很難掛進號，正式手術時間已是四月廿一日。

　　前一夜，我依通知先行住進病房。護士先安排我驗血、x 光檢查，然後灌腸，觀看手術影片，閱讀手術前後注意事項，簽手術同意書，禁食。次日，一早先注射消炎、鎮痛等點滴，下午約一時開始手術。手術前，麻醉師先來說明，並要我簽名。手術時間相當長，長到我有些不耐煩，直到下午三點十五分才結束，被推進恢復室，休息觀察到五點二十五分才被推回病房，慌亂中，或因麻醉而沒知覺，不知何時已被加注射了食鹽水。沒想到當天夜裡，食鹽水點滴才注射了一包，護士就給停了。依在台北醫院的經驗，內人蜜子和我認為不可能，便要求護士繼續注射；那時太晚了，醫師不在，護士沒法，也只得照辦；第二天一早，立即正式停止注射。總

共只注射了兩包，再怎麼要求，護士和醫師都不准。

然後就出院了。

那是廿三日。真叫我吃驚。才手術完第二天呢。會不會是醫師搞錯了？台北醫院是住院一週呀！我懷疑著。更叫我吃驚、懷疑的是，醫師只開給我幾顆鎮痛、消炎的藥丸，要我回家按時服藥，多喝水，每天兩千cc到兩千五百cc，多吃蔬果，不要提重物，不要騎車，不要蹲太久，不要作太劇烈運動，二週後回診；如果發生大量出血、劇烈疼痛等嚴重情形，去掛急診，其他都是正常的，不必太緊張。這期間，曾發生過兩次比較嚴重的尿道阻塞，後來都尿出頗多攝護腺增生刮除物和醫師們戲稱「仙草」的血塊，然後就感覺漸漸改善了。不過小便時仍覺得尿道稍為疼痛，我自作聰明，認為是尿道發炎，跟醫師說了，他卻只給我一週的消炎藥，向我說，服完藥後如沒特殊情況就不必再去找他了。但一週後仍覺不是完全好，內人半逼著我勉強再去回診一次。醫師仍只開了一週分的消炎藥。

此後，情況漸漸好轉，我也沒再去回診找醫師麻煩，直到現在，小便的情況可說已完全恢復正常了。

前後兩次手術，明顯可以感到，不同的醫院，不同的醫師，醫德和醫術有所不同：

一、前者手術時竟會有一大片沒刮除，卻騙我說那

是死角，刮不到，要我再作一次手術，而且再次的手術要用雷射。其實，我的攝護腺肥大得太大，一般是不適合用雷射手術的，顯然他是在欺騙我。他用意何在？許多人知道這件事後都說，他是故意不刮乾淨，然後再做一次手術，而且用雷射，是為了賺手術津貼。如果真是這樣，這醫師的醫德問題就大了。以病人的痛苦作為他賺手術津貼的代價，醫師可以這樣做嗎？他於心何忍？我曾為他提出辯解，說他是原三峽某名噪一時的宗教醫院泌尿科主任過來的，不會那麼缺德。人家卻說，那醫院是三腳貓醫院，他知道有人腳盤疼痛，卻被該醫院醫師診斷為腳脫臼；他不相信，到醫學檢驗院化驗，結果是尿酸積存太多，痛風。

二、我在前一家醫院手術，住院住了一週，其間不停注射食鹽水點滴，共注射了十打，血液流失太多，以致我出院時，體重減了十公斤，身體虛弱得隨便吹一下風便咳嗽不止，醫師用咳嗽藥給我服用，卻造成便秘。後者則只打二包食鹽水，是前者的六分之一，其中一包還是醫師不在，護士被我們硬要求注射的，而住院前後加起來才兩天，出院時體重沒有增減，體能如

常，沒任何後遺症。至於服藥，前者每次開給
我至少三種最多五種，連續每日服用，好在我
命大，沒出現副作用。我是邊心裡毛毛地怕著
邊捏著鼻子吞服的。

三、在準備方面，後者極仔細嚴謹，仔細嚴謹到讓
我覺得煩，譬如作膀胱內視鏡檢查，是定一天，
由另一個專門單位作，不是門診醫師作，前者
則未作；譬如攝護腺切片檢查，也是由另一個
專門單位作，而且是先一天住院等候，到切片
後第二天才出院，前者則等到不知第幾次回診
時我問起，醫師才說在手術時順便採樣作了；
後者手術前一天就通知我住院，然後作各種準
備——驗血、x 光檢查、超音波檢查、灌腸、
禁食、觀看手術影片、閱讀手術前後注意事項
等等，仔細而嚴謹，即使之前已作過驗血、x
光檢查和超音波檢查，因為超過期限了，還是
要作；前者則有些作有些沒作，譬如灌腸和觀
看手術影片沒作，即使作的也是草草了事，應
付應付，沒當一回事。

不同的醫院，不同的醫師，醫德和醫術是有所不同
的。「先生緣，主人福。」這句台灣諺語說得不錯；我
卻要說成「先生賢，主人福。」這或許更好。病人去治

病真的也需要運氣——有緣碰到好醫師;但是,如果醫師個個是德術兼修的賢能華陀,那麼普天之下的病人就會有福了,就不必去「緣」裡碰運氣了。我這次的「劫難」不可謂不大,醫療過程不可謂不曲折。本來一般都說攝護腺增生刮除手術是小 case,我卻歷經了兩次手術,時間跨越了約一年。碰到庸醫,我能奈何?好在第二次手術這位醫師醫術相當高明。我現在可說已走出劫難了。我是「歷劫」而不被「劫」,將「劫」扭轉成「捷」了。但願人生此後「再捷再勵」,「再接再勵」!

　　銘謝:感謝許月芳社長,在我第二次攝護腺肥大手術期間,因不確定性在,干擾創作,以所譯希臘詩人 Potis Katrakis 所著詩集《不可預料的》填補刊出。

2010.7.17　修正定稿

2010.7.23　亞特蘭大新聞「亞城園地」文學週刊

雪的記憶

　　大眾傳播媒體已經報導了好幾次，玉山上下雪，並以圖為證，有一次甚至遭遇山崩，賞雪的人車被困；現在連陽明山也下雪了。今年的冬天真的很冷。是真的如報導所謂反聖嬰現象嗎？

　　恐怕不是吧！

　　記得我讀大一那年，距離陽明山不遠的外雙溪就曾下過雪。那時我住在當時東吳大學校門口那戶曹姓人家的山上舊屋，早上起床，下山到他家山下新屋，不僅覺得特別冷，往學校運動場看去，綠草上一片白。他們說那是霜雪；我不管三七二十一，飛奔而去，用手就撈起那些霜雪。等我玩了一會兒，才發覺不對，雙手被凍得疼痛不已，趕緊回屋裡，到火邊取暖。

　　其實那不是我第一次看到雪。第一次是 1970 年代，地點是合歡山。那次我還帶了兒子傑傑。印象很深的是，我一下車，踩到雪地，就被滑了一跤，把個膝蓋撞得瘀血，痛了好久才好；而傑傑則在一個小山坡，故意

像溜滑梯一樣溜下，叫我一時慌了手腳。那時他還只是個國小四年級的小朋友，現在卻已得了博士，在美國佛羅里達大學任教兼該校電算中心主任。算一算，三十多年了。時間過得可是真快！

　　在臺灣這個亞熱帶地方，日常是不易見到雪的，說來比較稀罕，所以一聽說下雪，便有許多人爭先恐後擠著去看；其實對住在北方的人來說，那是稀鬆平常的事。是了。雪有其美。「撒鹽空中差可似」！是了。雪有其美。它們如白色微細的羽毛紛飛。是了。雪有其美。它們如一大匹白綢緞。雪確實是美！如果把冷凍揮走，那真是太如意太可愛了。難怪那麼多人爭著去看。如果在北方，住在那裡的人習慣了雪地，去堆雪人，打雪戰，刻冰雕，滑雪，坐雪撬等許多活動，應該會是很好玩的。

　　曾經去過好幾次北方雪地，譬如雲南的玉龍雪山、新疆的山地高原、青藏高原、日本的黑部立山、加拿大的洛磯山等等，其中以後兩次給我印象和記憶最深。日本黑部立山是 1999 年 11 月份去的，加拿大洛磯山則是 2002 年 4 月份去的。兩次都讓我兩眼飽覽了雪景，身心都真正體會了雪地的況味。到日本黑部立山既是 11 月份，雪當然是夠多夠深夠厚了。當乘坐覽車時，從高處往下看，山坡一片白，像極了覆蓋著白色棉花糖，無窮無盡，連草和樹差不多全被雪包裹著。在乘坐覽車前，

曾經到雪地去玩雪。雪地有堅硬的，有鬆軟的；堅硬的
地方，須小心謹慎，以防滑倒受傷；鬆軟的地方也須小
心謹慎，以免雙腳深陷雪地，動彈不得，更要注意雪的
下頭是否是河流，以免踩到薄層，陷下去。記得我當時
還曾向一個踩滑雪板的日本滑雪人借了滑雪板照相留
念。這是我平生惟一的一次穿滑雪板，很覺好玩，也很
有紀念意義。至於到加拿大洛磯山，雖是 4 月份；雪卻
仍未融化，尤其是冰河，兩山間夾著一條長長的河流，
全部是冰雪，連原來拍「大江東去」的場地也被冰雪覆
蓋，連城堡旅館旁的露易絲湖的湖水也都結了厚厚的冰
雪，還碰到正在下著細雪的情況呢！那可真應了古人形
容雪是「撒鹽空中差可似」了。全球聞名的鮭魚自然被
覆蓋在冰雪底下，靜待冰河解凍再游出來活動了。

　　雪，撒在空中差可似的細鹽？微細的羽毛？白綢
緞？白棉花糖？任你去想像吧！而其好玩與否，對我們
這些住在亞熱帶的人，也只得任我們想像了。畢竟我們
不習慣那冰天雪地的生活，能受得了其冷而享受其樂趣
嗎？不過，話說回來，這更富有想像空間。

　　　　2008.2.14　新莊
　　　　2011.1.11　修正定稿
　　　　2011.1.14　亞特蘭大新聞「亞城園地」

採果，那個下午

　　時間約當下午三點，穹蒼一碧無雲，明亮的陽光傾瀉在整個果園裡，把果園各處照耀得閃閃發光。

　　我們就在這裡採著果實。

　　這是密西根的 Elie 觀光果園。果園一大片，綿延而去，約略估計，面積大概有三十甲。一片是綠。一片是水果。水果是蘋果和水蜜桃。一棵棵，高些的大約三人高，矮些的也有一人多高。每棵果樹都像一把傘，大的傘，小的傘，排著隊，向四面八方行腳。枝上掛著果子，一棵棵，一串串，大的，小的，大多已成熟，顯得渾圓飽滿，顏色大都已由白變黃轉紅了。

　　哇，好高興呀！

　　這是我們到美國的第三天，八月十一日，我以前沒有過的時差還沒完全調整過來呢！

　　是早上傑傑去 Toledo 大學教課時告訴我們的，說下午帶我們到觀光果園採果。一時氣氛全變了。採果的期待像一支打氣筒打出的氣，一下把我們充塞得要爆炸似的，時差已被拋諸九霄雲外。

　　我在農村鄉間出生，從小就在鄉間農村生活長大，後來也曾經有過一座果園，三分多地，種的主要是荔枝，間雜有蓮霧、芒果、龍眼、柚子、檸檬、香蕉、檳榔和椰子等。水果的小雜貨店？那時住在南台灣，照顧得來，至少心裡有那麼一座果園，至少時不時可以去走一走，看一看，心裡覺得踏實。每到果子成熟時，便去採收。不管收成如何，總是一種快樂。

彩門已經敞開，進來吧
我是南方一成年了的果樹園
用南方特有的溫馨的語言呼喚你
進來吧，請你進來這裡

　　拙詩「果樹園的呼喚」是以這節為開頭的。然後是幾
節作幾個溫馨敘述：

進來吧，請你進來這裡
假如你覺得燠熱、疲倦
那麼，請你進來這裡
進來靠著樹幹坐在果樹下
和碧茵分啖樹蔭的層層清涼
和繁美的睡夢作一次長長的促膝密談
……
進來讓鳥語從果樹的枝葉間滴下
然後輕輕敲響你的耳鼓
讓那些不快和憂傷離你遠去
讓美音的世界把喜悅奉獻給你
……
進來把雙腳輕放在果樹的枝椏上
隨意伸手採取果實放進嘴裡

讓甜蜜和清香搖響你的全身

讓微風吹乾你額上的汗珠，砌起微笑

……

這首詩，流傳得很廣，被收入許多詩選，被譯成許多種語文，其原因，我認為它是我從小到大親身經歷之所得。寫作最重要的是真誠，最可貴的是寫出自己親身經歷之所得，所謂用血寫成的就是。如此才能真正打動讀者的心，引起共鳴。用虛擬甚至錯誤的認知來寫，如好一部分作者，是不能成就震撼傑作的。這首詩，我自認當之無愧。

這次到美國來，事前就有好些人跟我說，美國土地寬廣，山地少，到處是田野，樹木而外，便是種的農作物；我一向熱愛田園，寫的多為田園之作，正是得其所哉。果然他們說的沒錯。譬如到美國前，傑傑一再說美國是個田園國家，我的詩必定會很受他們歡迎，七月初過世的田園作家陳冠學生前知道我有美國之行，也一再作這說法。事實上，情況的發展也如他們所料：五年前，一位台大教授女性主義者獲知我的詩在國際間流傳，要我給她推介美國詩刊發表，我無以為應。那時我的詩沒有一首在美國詩刊發表過，現在我已慢慢走出來，稍有「斬獲」，不但有詩在美國的詩刊上發表，也已有詩入選他們的詩選，還有出版社向我邀稿。我想這可能和「臭

味相投」有關吧！譬如印地安納州 Bristol Banner Books 的編輯 Grace Adele 就說自己也是自然愛好者。現在我這趟到美國，腳踏實地，親眼目睹美國的田園之美，更證實了他們的說法應該正確無誤。

　　我們一心一意採著，仿佛夢回到以前，置身在自己家的果園，很覺滿意與愉快，臉上一直掛著笑，口中不時發出讚嘆，直到日暮黃昏，才遲遲離去。這裡日落較遲，時間已是下午八時。

2012-02-19　更生日報四方週刊

威廉波特，小聯盟

「我帶你們去看一看小聯盟，好嗎？。」

第三十一屆世界詩人大會於九月三日以旅遊到
mineapolis 畫下句點。前一晚我便在 Hilton 大飯店，以
電腦網路向 Delta 航空公司先行報到，次日一早搭計程
車到 Mineapolis 機場，飛往紐約的 La Guadia 機場，由
事先約好的兒子傑傑連同他的妻子慧霞，以他的車子載
蜜子和我前往遊紐約，再遊紐澤西。當晚於慧霞在紐澤
西的住處過夜。次日一早，由傑傑載著，返回傑傑的居
住地 Toledo。車子甫開動，他便提出這一議題。

「什麼小聯盟？」蜜子和我同時發出這問話。

「就是大家很熟悉的威廉波特少棒賽所在地呀。」

「好呀！」我們高興地同聲回答。

其實，美國土地廣大，從紐澤西到俄亥俄（Ohio）
州的 Toledo，通常開車約九小時。中途休息一下也好；
不然長途開車太累了。

提起少棒，台灣人很熟悉，尤其我這年紀的人。一
九七○年代前後，我們適逢其盛。

　　一九六八年八月，曾在日本擊敗威廉波特少棒賽冠軍調布隊的日本和歌山少棒隊，來台訪問比賽。他們姿態擺得好高，以為能夠以秋風掃落葉之勢，大勝而歸；沒想到竟被台東縣延平鄉原住民所組成的紅葉少棒隊，以七比○和五比一，打得落花流水，摸著鼻子大敗而歸。這一戰，打出了震驚世界的氣勢，也打出了台灣全國民眾對少棒運動的興趣和信心，開始組隊向國際進軍。次年，我國首度參加該項比賽，由台中市金龍少棒隊為代表，即行獲得冠軍。接下來幾年，除了一九七○年得第五名外，年年都得冠軍。那些日子，每逢棒球賽，尤其是威廉波特的少棒賽，全國轟動。那時雖是黑白電視的時代，大家仍看得津津有味。該項球賽時間，在美國是白天，在台灣是黑夜甚至半夜，卻幾乎每人都起身觀看轉播。很多人家裡沒電視機，便往別人家裡跑，務必要看到才肯罷休。鄉間農村，電視機普及率不高，便出現一個奇特現象，人們紛紛往有電視機人家及店仔頭去觀看，形成萬戶空屋現象，有的因人太多，擠得要墊起腳尖才辛苦地看得到。平日裡，大家談的就是少棒賽，打棒球的人口也急遽增加，打到場地不夠了，甚至有人在路旁便打起來。哪裡有棒球賽，便蜂擁而去，萬人爭睹，全民像得了棒球瘋。其盛況不言而喻。

　　從那年起，共二十八年，我們在該少棒賽獲得十七次冠軍。其間，美國曾於一九七五年閉關自守，拒絕外

國球隊參賽。之後又因我們屢屢以各隊菁英、學校掛名或刻意轉學方式組隊參賽，學校人數超過一五〇〇名的學校也無法分成兩隊參加選拔賽，與該聯盟的規定不符，被逼於一九九七年宣佈退出，直到二〇〇三年才重返。

車子開了近五個小時，目的地到了。

威廉波特是一個小鎮，據說連一家像樣的旅館都沒有，當年我國少棒隊去比賽，聽說沒在該鎮住過。

我們先進比賽球場參觀。球場整理得頗乾淨，分比賽球場和練習球場。場地大都鋪著綠草（塑膠綠毯），比賽球場本壘後方是觀眾看台。球場四周圍以欄網。也有比賽時直播設備。

然後，我們進入小聯盟博物館。館內闢有各室，除辦公室外，各室展出該組織的歷史、組織規程、組隊和比賽規定、各年度參加國家球隊與冠軍記錄、傑出球員等。這些差不多都用電腦自動播出，參觀者只要按下按鈕就可看到聽到。很有趣的是，有一個室裡闢了一個可以當場投球和打擊的模組，可以當場做投球和擊球的模擬，和真的很相類似。

小聯盟（Little League）是卡爾‧史托茲（Carl Stoltz）發起創立的。時間是一九三九年。他曾在小時候，因場地都被大孩子霸佔著，沒能進場打球，只能呆呆地在場邊觀戰，乃發願成立這個組織，地點就設在他的故鄉美

國賓夕凡尼亞州（Pennsylvania）的威廉波特（Williamsport）。據該聯盟出版的《從小聯盟獲得的生命課程》（Life Lessons from Little League）記載，他曾回憶說，他的兩個外甥就受益，得有機會參加這個組織的球賽，為他踐履了兒時的夙願。他成立這個組織，原意為「推展少棒運動最重要目的，是在於協助孩子們鍛鍊身心，培養互助合作、勇敢和赤誠的精神，使其成為一位優秀的公民，而不是一位優秀的運動員。」性質是一個夏令營的組織，要讓孩子們快樂地玩棒球、喜歡棒球。這或許才是該組織推展少棒運動的真諦。可是「橘愈淮為枳」，當年傳到台灣，卻被許多當權的大人們當成奧運比賽，一切以求勝為目標，扭曲了原意，並造成全民的瘋狂熱潮。難怪後來該組織會對台灣的球隊多所挑剔，以至我們退出。很多人為此不滿，其實是被誤導而誤解了。

　　到美國這一趟，能有這一個機會來親眼目睹早年聞名的世界少棒比賽所在地，不能不說是一件幸事，也是一項外加的高興事。

　　這已是我們這次到美國的尾聲。我們於八日便搭機回來了。

2012.04.04　更生日報副刊

土樓、土樓

　　土樓、土樓……從那天參觀過土樓後，腦子裡便時時出現土樓的形影，即使在夢中也是：土樓、土樓……。

　　去（二○一一）年十二月十二日　早上，我隨新北市許姓宗親會參加金門許氏家廟奠安慶典，於八點到達後，隨即轉搭五緣號渡輪前往廈門，下午匆匆一遊五緣湖濕地公園、集美學村、歸來堂、華僑博物館、虎溪岩、白鷺洞，次晨即赴漳州二宜參觀土樓群。

　　這才是真正的土造住屋。早年在故鄉所見的土葛厝，和這一比，便成小 case 了，土塊和建物那麼大，豈是故鄉土葛厝所能比擬？其「成群結隊」，更是大象氣勢，故鄉那「小家碧玉」、「小貓兩三隻」的土葛厝，怎麼能比？據說那牆壁土夯是以大土塊築造，大土塊間的黏合，和傳說中的長城築造一樣，是用糯米漿糊黏的，既堅而牢且固，大部分已經歷數百年的風雨和戰亂，雖垂垂老矣，迄今仍屹立不搖。

　　閩西南土樓遍佈於福建、江西和廣東省交界地帶。據

不完全的統計，單單永定一縣便有二萬多座，南靖縣有一萬五千多座，其他如平和、漳浦、韶安、雲宵等地也各有數百座。住民主要是早年從中原避難遷徙而來的客家人，但仍有閩南人住於其中，主要分佈在華安、南靖一帶。這些土樓，幾乎每座的最早建造者都有傳奇故事。他們克勤克儉，努力賺錢，集資建造，福蔭後代。以二宜樓為例，其最早建造者蔣仕熊，年輕時是個種田能手，身材高大，體格健壯，臂力過人，能使一把二十四斤重的大刀，只是遲遲未能成家，說是犯了「孤鸞命」，注定一生打光棍。族人背地裡取笑他：「無某無猴，鎖匙掛褲頭。」他終於出走他鄉，到安溪、漳平等地開墾。後來，他遇到了魏氏姑娘，婚配後生了六個兒子，然後衣錦榮歸，開始集資建樓；但因操勞過度，土樓尚未建成便不幸辭世。他的六個兒子和十七個孫子繼承遺志，終於在清乾隆三十五（一七七〇）年建造完成。

　　土樓的形狀，千姿百態，主要有圓形、方形、五鳳形、橢圓形、八卦形、半月形、交椅形等，同一形狀裡又有不同的變化，卻有其共同特色。據說「每一座土樓都有一個名字，大都取自族譜裡的祖訓。」登上有舂米用的槌子和供人小坐閒聊的長石凳的門檻，走入門廳，是一寬敞的天井，內有一口或數口水井。門廳對面是祖堂，供祭祀、婚喪、議事之用。土樓的一樓是各家做飯、

用膳、會客的灶間，二樓是放置穀物和農具雜物的禾倉，三樓是臥室。只有三樓以上才對外開一小窗。「所有的房間形狀相同，大小相等，由一條暢通無阻的走廊把它們緊緊地連成一個整齊的圓環，或一個巨大的口字。」

　　我們參觀的第一個土樓是二宜土樓。它占地十畝，是圓形土樓，素有「土樓之王」、「國之瑰寶」的美譽，曾於一九九六年被中共國務院批准為全國重點文物保護單位。其外牆高十六米，牆基厚二・五米，樓內直徑七三・四米，由四層的外環樓和單層的內環樓組成，分十二個單元，彼此相連，每個單元完全獨立，自成一家，內環平屋為透天厝，有一部獨用的樓梯，是廚房、餐室和客廳，外環一樓至三樓為臥室和倉庫，四樓為自家祖堂。四樓外環，用木材建構一條寬一・五米的廊道相通。大門是朝西的拱形門，以上好的花崗石砌成，牆體上有兩個小孔，是古時的「對講機」，來人可以由這小孔和裡面的人對話。進入大門，有一個寬大的天井，兩側有兩口水井，稱為陰陽井，令人驚奇的是，在冬天，陰井水溫較涼，陽井則較溫，到夏天正相反。天井是曬衣服和農作物的地方，也是他們雅集閒聊的熱鬧場所。門額石匾上鐫刻著各四十厘米見方的「二宜樓」三個字。「二宜」，有多重解釋，即寓有宜山宜水、宜室宜家、宜內

宜外、宜兄宜弟、宜子宜孫、宜文宜武之意。這正符合
它依山傍水的地點，也符合為人處世的期望。我們曾由
一樓往上爬到四樓，走外環廓道繞了將近一圈，然後下
來。現在這樓還住有建造的樓主蔣仕熊的後代一百餘
人，大部分在樓廊間開設個體戶，販賣土產和紀念品。

　　另外，我們還參觀了南陽土樓和東陽土樓。這兩棟
土樓較小，是長方形的。在東陽土樓還觀賞了他們的高
山族歌舞秀，便離開了。沒想到他們表演的竟有台灣少
數民族的「高山青」。

　　這是一個機緣。在台灣只見過土葛厝，沒見過這樣
的土樓。本來只是一個兼程的旅遊，卻能見到這麼個土
樓群，其古樸，其罕見樓宇，其原始，其傳奇故事，其
世外桃源狀，很令人念念不忘。雖然離開了，滿腦子裡
卻還有那些土樓的形影在晃動：土樓、土樓……。

2012.06.03　更生日報副刊

古早與現代

「唉，好重！」沿途，只要不是放在車上，而是提在我的手上，我便一直在心中這麼說著。

真的很重嗎？的確是的。四十斤左右哪！這些芋頭是相當重了。

真的很重嗎？的確是的；但是，其實一路上車子載的時候多。從屏東由姑姑手中接過來起，只有從台北火車站到二九九公車站及從新莊中華路正邦社區站到家裡，合起來也提不到一公里呀！

如果和姑姑比起來呢？誰提得遠，提得重？誰負擔得多？

她從她家提到屏東客運泰山站，再從屏東站提到屏東火車站交給我，同樣的重量，距離也差不多，或許沒什麼軒輊；但是，加上她從田地裡掘了起來，搬回家裡，她就比我提得遠，提得重，負擔得多了，更何況她已經七十幾歲了，我才五十歲出頭！

　　其實，這只是這一次——她趁我南返，要我帶，如果和她每年要老遠從屏東泰山她家送來五、六次比，誰提得遠，提得重？誰負擔得多？

　　她每次送來，便要加上這次我負擔的部分和她負擔的部分哪！那不是比我負擔的重了兩倍以上了嗎？而且，還不止此呢！她的一個女兒住在士林，一個兒子住在三重，一個兒子住在新莊，加上一個也住在新莊的我，她送到台北後，還要親自分送四個地方，不像我，打三通電話，要他們各自來拿；不來拿嘛，不來拿就拉倒，全部由我沒收。我才沒那麼多閒工夫去送呢！

　　這許是她那一輩人那種古早情懷和我的現代情懷不同之處吧！她們是從我小時便養成的古早情懷，有什麼東西尤其是收穫了什麼農產，便送來送去，而且那時還是用走路的哪！當時她家和我家距離約四十公里，她們仍然照走照送不誤，一點也不受影響。

　　她每次送來的都是些芋頭、番薯、金瓜（南瓜）、鳳梨之類農產品。我和她女兒、她兩個兒子都是在鄉間捏泥土吃泥巴長大的，對這些農產品有所偏好是沒錯（農業情懷？）；但是，這類農產品在台灣哪裡買不到？而且價格也不貴，何必老遠從南部送過來？

　　「不要再送了！那太重了！我們在這裡很容易買得到。」這種話，我們建議過不少次了；但是她就是不

依，每年總是老遠地從屏東泰山送來五、六次。我們又能奈何？

「這裡買的，和我種了送來的味道不相同！你知道，這是我自己種的，我們的鄉土裡長的！」她每次都是這麼說的。

是呀！就是這個「味道不相同」，所以我提起來就比較重……原來那裡頭多了一種姑姑的深深情意古早情懷！

2012.07.20 人間福報副刊

尼亞加拉瀑布去來

　　當我兒傑傑說帶蜜子和我前去觀看尼亞加拉瀑布（Niagara Falls）時，我心中有著無限的歡欣和雀躍。因為蹲在書頁間，隔空遠看這個瀑布，已經幾十年了，現在只一剎時，我就要飛出書頁，歡欣雀躍地親眼目睹了。

　　那是蜜子和我到美國的第五天——八月十三日。

　　一早，我們就簡單收拾一下，整裝出發了。

　　是由傑傑開的他的廂型車。我們由他任教的俄亥俄州 Toledo 大學所在地 Toledo 出發，經密西根等州，直達紐約州的水牛城。沿途所見，除少許工業城外，幾乎全是田野和少許山巒，生長的是樹木和農作物，一片是綠，一片是美，極盡養眼之至，農作物以玉米為最多，中間或植有其他果樹。進入紐約境內則遍地是葡萄園，連綿不絕。一路上，整個人就如行走在田園裡，呼吸著田園的清新空氣，浸浴在田園的氛圍中。清爽呀！舒適呀！

　　五個多小時的車程，到了。停好車，穿過美國國家

瀑布公園，瀑布便在眼前，連番展演其聲音和動作，只見瀑布的水流不停地翻滾奔竄，只聽轟隆隆的聲音不停地在耳中演奏。

啊，尼亞加拉瀑布，我來了！

尼亞加拉瀑布位於美國和加拿大邊界的尼亞加拉河（Niagara River）上。兩國以這條河為界，以前曾為此發生過紛爭，甚至發生過戰爭。這條河源於伊利湖（Lake Erie）。這湖後來傑傑曾載我們前往一看其究竟，水已覺不小，途中又匯聚蘇必略湖（Lake Superior）、密西根湖（Lake Michigan）、休倫湖（Lake Huron）的水，水量更是不得了，可謂大到驚人，到這裡，遇到河床地層斷落，便形成瀑布，直奔安大略湖（Lake Ontario）。這五個湖形成的區域便是世界聞名的五大淡水湖區。尼亞加拉河流經的這五大湖區，因位處北緯四十二至五十度之間的高緯度地帶，在冰河時期，河水結成冰，後來因地球溫度變化，日漸融化，積水於石磧內，所以水量極大；而流到這裡，遇到河床地層斷落，便紛紛墜落，形成了這個世界奇觀。

尼亞加拉瀑布由美國瀑布（American Falls）、新娘面紗瀑布（Veil of the Bride Falls）和馬蹄瀑布（Horseshoe Falls）組成。最大的是馬蹄瀑布，又稱加拿大瀑布，橫跨美加兩國，一般的說法是，它佔百分之九十四的水

量，寬七九二公尺，落差五十八公尺。在美國水牛城這邊看到的，只是尼亞加拉瀑布的側面，水量僅是其中的百分之十，除非坐船去感受或乘飛機從空中鳥瞰，否則只能看到其中一小部分；要一覽全貌，就要到加拿大那面，所以我們只在美國這邊大略看了一下，體會其雄偉的氣勢，便驅車前往加拿大那面了。

從加拿大看尼亞加拉瀑布，確實較能看到全貌。三個瀑布都看到了。只見三個瀑布的水仿佛是從天上來的。那是一大匹一大匹白色布匹？那是一大簇一大簇雪？那是一大堆一大堆棉紗？那是一大叢一大叢蘆葦花？都不是。布匹、雪、棉紗和蘆葦花通常都不動；可是它們卻動得厲害，動得叫人心驚。用傾盆大雨來形容，用天上的雲霧來形容，也不適當。傾盆大雨沒有那麼磅礡。天上的雲霧沒有那麼雄偉生動。就掛在那河床地層斷落的地方，流動著，連綿不絕。而其聲勢則確實驚人，轟隆隆，轟隆隆，雷聲似可比擬，虎嘯獅吼則似太兇猛，遠處傳來的炸彈聲差可一比。

我們來時路上花了五個多小時車程，穿過美國國家瀑布公園，再在美國那邊瀑布河堤邊走著觀賞，盤桓了些時，然後驅車過彎拱的彩虹橋（Rainbow Bridge），雖不簽證，但過海關檢查，再停車前來，加拿大這邊的觀瀑時間已不多，本來還想看夜晚燈光秀，不意傑傑預

先向旅館一洽詢，卻不能進住。原來傑傑訂的旅館不是加拿大的。他在網路上看到的是在對岸美國的同名旅館，加以這時人已相當疲乏，只好去解決民生問題，又驅車回美國住那同名的旅館休息。也因此，日本女留學生當夜為照相墜落距離瀑布不到百公尺的河中消失的事，我們還是次日才知道。

次日一早，傑傑便又載著我們繼續前一天未完的加拿大觀瀑行程。

我們先乘園區環河公路（Niagara River Parkway）免費公車遊沿岸的景點。沿路有許多美麗的景點，種著花，正如其英文 Park 的意思，簡直就是一個公園，有熱帶蝴蝶館、熱帶植物園、纜車等，河邊還有木板步道。

然後就乘霧中少女號遊船（Maid of the Mist），去體驗瀑布下的感受。

這遊船是載著遊客進到瀑布之下的。因為在瀑布之下，人必然會被淋濕，所以每人發一件雨衣。上船前，每人都給穿起來。對於因瀑布落下的水滴，遊客起先沒什麼大感覺，不去在意；只見遊船緩緩前行，慢慢進入瀑布深處，瀑布的水滴慢慢開始增多增強，終至人如在暴風雨包圍中，雨淋漓而外，強風也來參一腳。在風強雨急中，雨衣的保護作用慢慢失去了功力，人被淋得幾乎個個成了落湯雞，褲管全濕外，鞋子也成兩條進了水

的船，至於照相機和隨身包包，就看各人的意願，要藏起來還是冒被淋濕、淋壞的風險了。一趟航行下來，大家一身濕，卻個個面帶笑容，歡歡喜喜，即使口裡哀哀尖叫，那尖叫也是歡喜的呼叫，叫聲中也噴發著滿滿的歡喜。

之後，我們又去人工製作的水簾洞，體驗在洞中向外望的況味。

這約兩天的行程就這樣告終了。我從其中獲知了尼亞加拉瀑布的來龍去脈，體味了旅遊該瀑布的樂趣，另外一個附帶的收穫是，官方把英文 Niagara 譯為尼加拉瓜其實是有出入的， a 音被漏掉了，卻多了一個瓜字，另外，一般英譯瀑布用的字是 Fall，其實沒加 s 是不對的，瀑布有很多水，不加 s 說不過去。尼亞加拉瀑布的英文字 Fall 就是加 s 的。

好了，揮手吧，我們離去！

2012.09.21　更生日報副刊

雙溪依舊水清清

　　二月十二日一早，么女雅惠便來電話，邀我們和他們一家人，前往雙溪一遊。

　　欣然而往。

　　由她丈夫欣儒開車。他是雙溪國小的教師兼教務主任，每天上班下班，進進出出，熟門熟路，由他開車最適合。這一行，除了他們兩個和我，還有內人蜜子、外孫女若妍和才一歲多的外孫勁毅。

　　冬天本來是冷的，已經冷了好幾天了，難得今天冷鋒暫歇，天氣好轉，雖仍冬意濃濃，且好沒了冷風，感覺上較前些日子的冷颼颼好了許多。這種天氣出遊，雖非十全十美，還是相當不錯。

　　我們先到雙溪國小。

　　雙溪國小是一所山中小學校，學生不多，每個年級各只有一班，每班人數也只約十人；但是位在故宮博物院左斜對面不遠處的小山坡，可說小姑獨處，僻靜之極，加上樹木林立，花草紛繁，提供許多養眼的綠和新

鮮的空氣，有一條清澈的雙溪從旁邊山坡下潺潺流過，風景絕佳，詩意盎然，進入校內，便有一股靈氣和舒爽傳遍全身心，有如到了世外桃源。在這裡讀書必然很好；不說別的，單是環境的境教作用就很夠了。當然在這裡教書也是很好的；不說別的，只要每天浸浴在這美麗的校園環境就很夠了。從北市師院畢業，欣儒便一意要到這裡教書，家人親戚怎麼勸說，他就是意志堅定，不為所動，是有其原因的，而且後來又在他的母校拿了視覺藝術碩士，這麼美好的環境怎不吸引他？這美好的環境，對一個有繪畫專才的人，正好提供給他作畫的現成養料。這種引誘別人怎勸說得動？

面對這所學校，讓我不禁懷想起一九八零年代我任教了九年的新埤國中。那也是一個很僻靜的學校，惟一不同的是，稍遠處才有山有水，校園則是原來的一片森林闢建的，原本種的全部是桃花心木和蘭心木，除校舍這些硬體外，師生都胼手胝足參與建設，連運動場的闢建我都曾參與。此外，我那時還住在校門口的宿舍裡，每天浸浴在那美麗的校園環境裡，單呼吸那充滿芬多精的空氣就夠了。純淨，清新，舒爽呀！我的散文集《綠園散記》就是寫的我在那裡的生活感受和一些由那裡回想的早年鄉間生活。

我們都喜歡這所學校，兩個小朋友尤其喜愛得不得

了，特別是小勁毅，他高興地在樓梯的階梯爬上爬下，玩得不亦樂乎，邊爬邊笑邊大聲叫笑，喜不自勝。爬時，我們怕他摔倒，出手扶他，除願牽著我的手外，他一概不讓人扶，自己抓著欄杆自己爬。大家只得盯著他，跟在後面，保護他，心裡則隨著他的動作而波動起伏。

　　約一個多小時，我們便離開，為的是驅車前往內雙溪。

　　我大學就讀的是東吳大學，地點就在外雙溪。對這地方我相當熟悉，只是那是大約五十前的事了。曾住在校門口那家曹姓人家山上的房子，也曾住在當時中影公司對面那棟樓房，在那段求學期間，曾寫下許多散文和詩，採得一則民間很好的童話故事，以〈白馬和金鈴子〉為題寫成，卻被友人張君把寫好的原稿給帶走……隨著時光荏苒，外雙溪和台北一樣，已有不少變化，譬如從前常辛苦地走山中小徑爬山到大直的實踐家專，再乘公車回來，現在已有方便的隧道可通了，譬如故宮博物院早在我畢業那年動工現在已矗立好久了，譬如雙溪國小已創立相當一段時間了，譬如中央電影公司已變成文化城且發展成觀光景點了，譬如印刷我第一本出版的書詩集「半天鳥」的衛勤學校已因至善別墅的興建和附近的開發而跼處一隅了，譬如通往內雙溪的道路已由泥土小路變成柏油大道了……。該說是滄海桑田吧！

　　雙溪分成內雙溪和外雙溪兩部分。據文獻記載，雙溪發源於陽明山山脈擎天崗附近。約十年前，我曾和蜜子、雅靜及雅惠從風櫃嘴徒步走鬆軟的泥濘小路到擎天崗，沿途靠近擎天崗附近，有水牛吃草的牧場，到處散佈零零落落的牛屎。或許那附近就是了。它先向南流，後轉西，與右側流入的碧溪會合，那裡以下就是外雙溪。也就是說，雙溪是一條溪，內雙溪是上游，外雙溪是下游。大約五十年前，我就讀東吳大學時，常遇假日便邀約同學，從外雙溪一起徒步走到內雙溪。既是郊遊，也是休閒，更是健身，一舉三得。那時，沿著雙溪，有一條泥土路，不寬，有車輛經過便灰塵漫天；但是因為風景美，一路所見盡是雄偉的山，盡是養眼的綠草、碧樹，有好山好水，有新鮮的空氣，熱了還可以到路邊的雙溪玩水取涼，夏天尤其是如此，所以能強忍得住那些漫天的灰塵。最後的目的地是現在的聖人瀑布所在。在那裡玩水，浸涼，呼吸很多芬多精。常常我們會玩得忘了時間，回程太晚。記得有一次，真的太晚了，天已黑，而且還有一段路，逼不得已向一輛路過的回程轎車揮手，沒想到那輛轎車竟然真的停下，載我們回來。也是很有人情味的。

　　現在內雙溪相對開發了，有各個景區，如內雙溪森林自然公園、內雙溪自然中心、內雙溪森林自然中心、

內雙溪古道、內雙溪自然公園、內雙溪農林體驗園、內
雙溪藥用植物園、內雙溪植物園、內雙溪自然森林公園
和內雙溪步道等，有些名稱還相當近似，卻是不同的景
區，成為陽明山國家公園的一部分，還保持相當原始，
自然生態還未被破壞。開發是好的，可以讓人去觀賞；
但是很怕開發帶來的副作用，現在連公車都已闢了路
線，設了站牌，商業化也已初露頭角，會有很多人去玩，
去走，破壞環境。另外，裡頭有些住家，有些餐廳、飯
店、飲食店、山產店，也見別墅如雨後春筍矗立。它們
所排放的廢氣和廢水，想當然會造成污染，如何預防？
恐怕是問題。所幸現在雙溪的水看起來還相當清澈，還
保持著「原汁原味」，空氣也是，可是將來呢？將來難
料！但願雙溪能保持它原來的面貌，讓雙溪依舊水清
清，直到永遠永遠！

2012.11.5　更生日報副刊

最後一次過來義吊橋

　　都已九月十月了，還有颱風。颱風，充滿破壞力的傢伙！它一來，到處是溼，是泥濘，是破壞，土地流失，山崩，屋毀，橋斷……哦，橋斷，我想起了當年最後一次過來義吊橋的事……

　　來義緊依中央山脈南支大武山山腳，一抬頭彷彿就撞上東面的山，西面連接著平原。我是潮州人。潮州在來義之西，距離來義，近在咫尺。在那之前，到過來義不知多少次，尤其我回鄉任教那些年，我跟來義可說有緣，也相當熟悉。那時有一位李姓學生的父親就在來義國小任教，每每去爬山就去打擾他。來義吊橋，我走過的次數，不知凡幾。記得那是某任縣長林石城時建造的，以鋼索吊著，橋面鋪木板，人車經過時，搖搖晃晃，膽子較小者尤其女性莫不膽顫心驚，小心謹慎而外，如碰到有人也一起通過，搖晃得更讓她們尖叫不止；大膽的男性則每每視為好玩，甚至故意搖晃，來作弄膽小的她們。我那時則已練就了慣於騎機車行過那搖搖晃晃的

吊橋了。

　　我於一九六九年到新埤國中任教。當時的校長是我高中的導師李友蓮。是他主動邀我去的，條件是要兼教務主任。該校是一所偏遠小型國中。我到任時，全校共十七班，第二年增一班，成為十八班，剛好每個年級六班。歷經兩任校長，我在該校待了整整九年，學校都保持十八班；我一走，班級數直線下降，開始成十七班、十六班……最後我獲得的消息是，只剩三班。那大約是一九八五年左右，我已遷居新莊約五年，碰到一名住在建功村以前就讀該校的學生，和他談起，他告訴我的。

　　為什麼會這樣呢？當然是全體教職員工「努力」的結果；但是，不是我「老王賣瓜」，我以為和我的全力投入有關。我的全力投入，普遍贏得師生和民眾一致同聲說「認真」。

　　記得我到任那年，第一學期才開學就碰到一個很大的颱風，風颯颯地颳，大雨直下，好像要給我一個下馬威。我才到職，對情況還不太了解。原來該校學區包括新埤鄉新埤、建功、打鐵、南岸（後改名南豐）、萬隆和餉潭五個村，其中餉潭靠南大武山邊。行政上的餉潭村包括餉潭本村外，還有兩個，那就是雨一來便彷彿陷在溪流中，成為孤島的箕湖村和獅頭村。這三個村子和學校隔了一條力力溪，過溪無橋可通，都橫越河床，每

次雨稍下大一些，山洪便從山中奔流而下，把整個溪霸佔，學生也就沒法過來上學了。開學的第一天，那邊的學生大部分一早就涉水過來了，卻有一部分稍慢出發的受阻，有少數學生乾脆回家不來了，有幾名學生正走到河床中，大洪水來了，跑得快的狂奔過來，卻有三名學生沒奔逃過洪水，便走到較高的沙洲上逃躲；可是洪水繼續漲，他們前進不得，後退無路，驚險萬狀。正在驚慌之際，幸好有人已經通報縣消防隊，以橡皮艇把他們救出來。

　　接著而來的是，那三個村子的人民，因常受水患，土地又貧瘠，交通不便，所以生活條件差，國小畢業生往往被家長因迫於經濟壓力，逼著去做「農場（糖廠）工」，來上國中又要冒險過河，便乾脆不讓他們上國中。開學了，還有好些那邊的學生沒到校上課，責任便壓到我頭上了：去勸導！

　　所謂勸導，其實就是拉學生來上課。那時機車是最普遍的交通工具，而事實上要過那沒有橋水還沒退的河床，也只能騎機車。河床，誰都想像得到，全是砂石，騎起來必然困難重重，只得邊騎邊推著走，更麻煩的是水還沒完全退，到一個水比較深又湍急的地方，照樣前行的結果，一下就連人帶機車全被水推倒了。我和總務主任平和兩人同時成了落湯雞。但我們不氣餒，扶起機

車，勉力繼續前進。

我們一村村一家家地拜訪沒到校的學生家，苦口婆心地勸導。那些地方因為才下過大雨沒多久，泥濘不堪，獅頭村則好多道路豬牛的穢物加水到處橫流，叫人踩腳必須慢慢選擇地點，否則就滿鞋是泥水。記得在那裡，因為後來走到寸步難移了，我借該村的廣播設備，以台語向家長廣播勸導，稱他們的女兒為「公主」，稱他們的兒子為「公子」；可是後來想想，不對呀！「公主」和「公子」台語發音完全相同，那不叫他們罵我把他們的子女男女不分了？每次想起，都彷彿有他們村人在背後罵我的感覺。更難堪的是，在餉潭村，有一潘姓人家，我們才到他家門前，就聽到女主人故意在門裡以吐口水的聲音羞辱我們。在台語裡，那是很羞辱人的舉動。但能如何呢？只好把羞辱吞進肚裡了。

經過頭一兩年的歷練，我想出了一個辦法。何不借助他們餉潭國小老師的力量？我於是想法和那些 老師套交情，做溝通，到學生畢業時，事先和他們說好，請他們在畢業典禮後立即把畢業生的畢業證書收起來，我在畢業典禮上致詞時宣稱，不勞他們過力力溪千里迢迢來報到，把畢業證書交給他們導師，轉交給我帶走就是報到了。因為我和那些老師有了交情，他們願意幫忙，又因為一般小學生都唯老師是聽，所以功效很好。不

過，那些老師也看人，有兩次，我忙不過來，其中一次請訓導處張主任去，一次請註冊組蔡組長去，雖然我事先和他們打過招呼，他們仍然不收畢業證書。真叫我一個頭兩個大，只好每年都親自前去。

是一九七九年我離開該校那一年，去前就知道有颱風警報；可是不去不行，我還是硬著頭皮去。隨著畢業典禮的進行，颱風也舉步前來湊熱鬧。我雖心急如焚，還是得等畢業典禮結束。一結束，我立刻想走；可是事實上，力力溪已因颱風山洪暴發，沒法過了。怎麼辦呢？那些老師有經驗，一個個建議我走山邊小路，經文樂等地，到來義，過來義吊橋，就可回潮州。

這條路我從沒走過；但事已至此，也只好「死馬當活馬醫」了。約是下午三點出發，沿著力力溪和山緊接處的小山路，騎著機車有時推著機車，勉強而行。路小又滑，中途多處遇上山水流下，切斷小山路，仍設法越過，滑倒了不知多少次，雨衣內全成了下汗雨，身體受傷沾上泥濘更不用說了。最後終於過了來義吊橋，一跨過洪流滾滾的力力溪上游內社溪，我心安了。過了來義吊橋，我形同從溪流洪水的圍困中突圍，路便平坦好走了。終於在近七點時安全回到家。

可是意料之外的事悄悄發生了。第二天新聞報導，來義吊橋於前一天晚間六點多被山洪沖垮了。算一下時

間，吊橋被沖垮時間約莫是我剛過橋不久。我如果還沒過怕就過不來了。我如果正騎在橋上，怕就隨橋以俱去了。那是我最後一次過來義吊橋，也有可能是所有的人最後一個過來義吊橋。

2013.01.25　人間福報副刊

舊教堂，麵包香

　　一早，我最小女兒惠惠來電，說要前往竹南一遊。

　　說走就走。由她丈夫欣儒開車。乘坐的另有他們的女兒若妍和兒子勁毅，內人蜜子和我。

　　一開始沒有下雨，漸漸地，雨來了。雖不很大，毛毛雨卻讓視線有些矇矓，初冬時候，也給人微寒之感。對我這隻怕雨又怕冷的「小白兔」來說，更在心裡罩上了一層不適的陰影。

　　跑了幾個地方，總在頭份和竹南附近山間繞。中午，到尖山國小，在走廊，把自己帶來的米和菜類，用帶來的小瓦斯鍋煮了裹腹；然後，又往山區走。

　　車子繞呀繞，在綠色中，在毛毛雨裡，穿過一條又一條山中小路，穿過一個又一個小山村，爬過一座小山又一座小山，繞呀繞，終於抵達欣儒所說的峨眉鄉天主堂。

　　這是一個舊的天主教堂，因在小山中，地坪大，房子也算寬敞，房屋牆壁卻在向世人述說著老舊兩個字。

台灣早年艱困時期，美國天主教會來傳教，以發麵粉為誘引，還有人被誘去聽道；後來台灣經濟好了，去聽的人少了，牧師少人可傳道，教堂變成「無用武之地」，便有些荒廢了。該鄉觀光產業的理事長姜信鈞覺得可惜，於五年前積極與教會接觸，提出活化閒置空間的方案，雖然還偶爾有做禮拜及其他的活動；但是這教堂已阻擋不住變成現在麵包香飄的樣子了。

就位在峨眉村一條小山坡的路邊。沿路邊以圍牆圍起來。只留一個小門進出。進得門來，沿著水泥階梯走，就進了教堂了。教堂另一邊則為天然屏障的澗谷和樹木。

進教堂，就見到各式各樣的麵包擺在桌上，飄散陣陣麵包香。工作人員在那裡招呼客人，向客人解說。

一個瘦瘦約六十歲上下的男人引我們從邊門出去。首先看到的是磨坊，有一個碾米石磨及籮筐等其他應用器具，令我回憶起小時候推石磨磨米漿以製作糕粿的情景。還擺了一座擠茶油的廢棄機器，令我想起每年年底到林口擠茶油的情景。然後沿小甬道走，一個超大形似麵包的爐子出現在眼前。那就是他們烤麵包的爐子了。說是用老麵粉揉好，糰成麵包後，就放進那爐子裡烤。那爐子，前後約長一米六，寬約一米四，高約半米，上有一小煙囪，中空是免不了的。外表看起來和一般水

泥築造建物沒什麼不同，卻有奇巧。原來爐子是用耐火磚、防火泥和冶石造的，所看到的牆和看不到的內壁之間還是中空的。這些特殊的設計主要的作用是隔熱和防止散熱。麵包烤時，隔熱，所以用來烤熟麵包而不烤焦；一爐麵包烤成後，防止散熱，以待下一爐再進糰好的麵包來烤。這樣的烤爐，烤出來的麵包和一般商家製造的麵包有所不同，因為水分保持住了，是比較Q而不掉麵包屑的。一般市場商家製造出來賣的麵包，相信大多數人都有邊吃邊掉麵包屑的經驗。

然後再走。甬道稍微下傾，有一個平台，那裡有一座紅磚砌造的大灶，圓形，煙囪則是長扁形，瘦瘦高高的，最上方成屋頂狀，壁上還用瓦片貼了相當工整的「美食」兩個字。那引導者說，這座教堂有時還辦活動，這個大灶擔當煮食方面的任務，譬如端午節，村子的婦女會來做包粽子活動，就在這大灶煮。嗯，又在給我回憶的牆上顯影歷史特寫了。

再回到屋裡，才看見那位原來做水泥包工的師傅楊長展的廬山真面目。他是這教堂麵包店的靈魂人物。凡不屬於原來教堂的建物，包括烤麵包爐、大灶的設計和建造，全部都是他的傑作，還有與一般市場商家不同不放加工用料的揉麵方法、取自當地出產的麵包內餡用料等等，全是他的傑作。

　　五十幾年前，當時我正就讀大學一年級，因緣際會，我到訪在一家味精工廠工作的故鄉鄰村小時玩伴。他帶我參觀並沿途解說。參觀到最後一道手續時，他說味精的最後一道手續是，加鹽酸。從那時起，我已經和味素拒絕往來五十幾年了。我對待麵包也相類似。在退休的前兩年，我聽到一位大學教授演講，說他問一位開便利商店的朋友，賣剩的過期牛奶怎麼處理，他那位朋友告訴他，賣給麵包店製造麵包。十幾年了，我從那時起幾乎不吃麵包。但是現在我參觀了這家教堂，製作麵包，既不放加工用料揉麵，內餡取自當地出產的用料，烤出來的麵包既無色素和防腐劑等有毒物，又保持水分，不掉麵包屑，飄香耐吃而外，相當自然兼養生。如果能找到這樣製造出來的麵包，即使價錢比較貴些，我想我會願意接受。

2013.07.03　更生日報副刊

又見彩虹

又見彩虹，就在陽明山那個方向。

是大雨過後，尚有細雨。它像一支奇大的弓，從一邊地面拱彎上天空，然後拱彎下來，抵住地面，成一個超大的圓弧。一般的說法，那是細雨被太陽照射形成的。

看著它，許多聯想和回憶浪濤般洶湧而來。

是在故鄉的時候，總在雨前或雨後，只要有細雨，東邊山的方向或西邊海的方向，便有彩虹出現。那時年紀小，懂得不多，知識大多來自大人；而那時大人都說彩虹出現在東邊山的方向便不下雨，出現在西邊海的方向便要下雨。雖說那時的大人現代知識不怎麼樣；但他們說的卻往往沒錯。不過這對我來說並沒什麼重要，彩虹之於我，我只取其有紅橙黃綠藍靛紫七彩的美，那才是重要的。每每，我對著彩虹幻想，彩虹的那邊一定是個很美的世界，一定住著神仙。如果能走上去，走到住著神仙的美的世界該有多好！

那可是一種夢想，付諸行動便是一種追尋。

　　每個人一生中都有要追尋的東西，許是健康，許是事業，許是財富，許是美麗……總之，是一種個人認為值得追求的理想，懸在彩虹的那邊；然後企向未來，全力以赴。

　　總是企盼著長大，在小時候。那時候，個子矮小，能力不足，看著大人做出自己能力所不能及的事，便羨慕不已，譬如放在高處的東西搆不著，便企盼著長大變高，可以給取下；譬如吃重的東西舉不起，便企盼著長壯，有強健的身體，可以舉重若輕；譬如有些道理不懂，便企盼著獲得別人的指導，向別人模仿，進學校讀書，學習知識，增進能力……

　　妳卻總不服，才七個月大
　　動不動就站起來
　　扶著桌椅牆壁學走路

　　在給外孫女若妍的詩〈企向未來〉裡，我是這麼寫的。那是對一個小孩子的實際觀察抒寫，乃是真實寫照。雖然她較一般小孩子學走路是早了些，急了些；卻可以從其中類推出一般小孩子對未來的嚮往和追尋。小孩子，包括當年的你我，不都因為體力能力不足而企求長大，能和大人一樣有體力有能力嗎？

　　稍長，具備了基本的能力了，進了學校求得一些知識了，知道不少現象和事物的道理了，便會向更深一層去探究，探向那茫然不知的未來，探向學問的深淵，試圖踏向抽象思維的境界，踏向哲學的領域，甚至比現實世界更理想的世界。

　　小時候，曾經不知多少次向著距離家不遠的大武山遐想，總有一天要到那山上一探究竟；後來真的有一天到了那裡，卻又想到更遠的山，譬如阿里山、玉山；真的有一天實現了，又想要到中國的天山、喜瑪拉雅山，日本的富士山、黑部立山，加拿大的落磯山，歐洲的阿爾卑斯山、鐵力士山。

　　小時候，曾經不知多少次對著牛、馬及牛車、馬車、單車遐想，能乘坐上它多好；後來真的有一天乘坐上了，又想到要乘坐機車、汽車、火車……由於各種因素，暫時未能達成，便找來檳榔葉代替，找來柚子皮製作車輛，竹枝、木棍當牛馬騎，找來紙張製作紙飛機、紙船和風箏，過乾癮。

　　人是靠著編織夢想或理想生活長大的。人類是靠著編織夢想或理想進步的。譬如一個人稍大入學後，便夢想悠遊書海，探尋知識寶藏，窮究人生哲理，就讀小學時夢想上初高中，就讀初高中時夢想上大學，然後研究所──碩士、博士、博士後……，觸鬚「伸展再伸展，

探究再探究，深入再深入」，到學問的極深極廣處。那裡也許很少有人在，空曠寂寞，「高處不勝寒」，卻仍矻然獨處，踽踽千山獨行，窮經究理，無怨無悔，冀能創造發明，造福人類，光照世界……。譬如有好些人不滿人間現世，認為紅塵俗世紛爭太多，擾擾嚷嚷，和平無處，便夢想追尋理想世界，所以有柏拉圖理想世界的出現，有陶淵明桃花源的出現，有好些人更夢想苦修、求道、成仙、遁居世外。

　　想飛是人類的一種夢想，後來被萊特兄弟發明滑翔機追尋到了。找能源為我們人類做工也是人類的夢想，後來被瓦特發明蒸汽機、愛迪生發明電追尋到了。所有創造，沒有一項不是人類追尋夢想的實現！那可是全部懸在彩虹上頭呀！

　　人類便是靠這樣的追尋夢想進步的。夢想呀夢想！彩虹呀彩虹！追尋呀追尋！我們就這樣向前，創造美好、理想的世界！

2013.08.02　人間福報副刊

荒漠　？綠洲　！

　　新聞報導，日本有人以泥土為食材，開餐廳，供食……我想起了一九七○年我前去新埤國中任教，給學生提出的兩個願望。

　　新埤鄉雖然和我的故鄉潮州相鄰接，我原本對該地卻並不熟悉。待我到新埤國中任教後才知道，該鄉土地廣闊，人民卻窮困。原因是大部分土地為糖廠所有，被力力溪河床所霸占。我因此給學生提出了兩個願望，其中一個是鼓勵他們努力學習研究，將來發明一種藥物，放進泥土裡就能把泥土變成麵包，以充裕糧食，另一個是設法開發力力溪河床，把荒漠般的河床和箕湖、獅頭兩個村子變成綠洲。到那時，不僅可以富裕該鄉，甚至造福全世界人類。

　　當時學生的直接反應是，以不可思議的眼光看著我，一副懷疑相。但是現在卻成真，日本已有人發明了泥土餐，更奇的是力力溪河床早已在我離開後被開發出

來，連同箕湖、獅頭兩個荒蕪的村子也變成綠洲了。

　　其實，在一九七九年我離開前約半年，糖廠就開始動工開發了。原來那廣闊荒漠的河床，土地有一千多甲，是屬於糖廠的，本來種甘蔗，後來被山洪從南大武山流下來，淹沒土地，一次流失一些，一次流失一些，終於變成了河床。我鼓勵學生畢業後設法開發時，因為才到職沒多久，還不知道是這樣呢。

　　我高中就讀的是潮州中學，是包括初中部的一個完全中學，班上有三位同學來自新埤鄉，其中一位就來自緊靠河床的箕湖村。這個村子和另一個叫獅頭村的，都是沒被洪水沖失的餘留，一直停留在荒蕪的狀態；且每雨必成災，每每幾近於陸沉。那些日子，直到開發完成以前，過力力溪到那邊沒有橋梁，來回走的都是河床。那是一片荒漠般的河床。平時除了小小的流水，就都是砂石、灰土和荒草了，只有少部分地方由該地住民種絲豆（菜豆）和西瓜等。我那位同學當時大部分時間都住在潮州，因為一方面路途遠，一方面要走河床，他只有放假或有必要才回去。記得他那時常講小時候偷吃西瓜的故事，說他們一群人常利用夜晚，去偷吃西瓜。他們把西瓜挖一個小洞，放進鹽巴，不消幾分鐘，西瓜裡全化成西瓜汁了，就把西瓜舉起來，讓嘴巴就著小洞，喝

西瓜汁。我們每每聽得津津有味，頗為嚮往，覺得那真是好玩。但我一直沒去過，只能在想像中畫餅充飢。

等我前去任職執教，才知道該鄉的情況，才知道其貧困。我於是有那個構想。沒想到我要離開時，糖廠已領先一步，進行開發了。

那段日子是很熱鬧的。開發單位在餉潭設了一個駐點，人員進駐，人員、挖土機和其他必備機具進進出出。卡車和機具聲常常隆隆作響。灰塵常常漫天。荒漠般的河床一次次被開挖。水泥、模板和少部分鋼筋一車車被運進，作構築之用。我對那開發自然很感興趣，曾向鄉公所要了一份計畫書副本，詳細閱讀。記得當時經濟部多次前往督察，我也都前往湊熱鬧。

很不巧的是，故鄉新成立一所國中，縣長找我回去作先鋒。當時校長在師大的進修課程還沒結束，沒能理事，學校又只有校地，沒有校舍，我只好運用地方民意代表和在教育界服務十多年的知覺與關係，沒校舍找校舍，曾向位在潮州的兩處軍隊營區借用，卻礙於軍機洩漏的問題，沒能成功；最後借到了近在咫尺的一所國小，寄人籬下，勉強上課。

約半年後，我把事情處理得差不多了，偷空回去看，那河床已幾乎被整理好，餉潭橋已差不多建好。

　　時光匆匆，一轉眼已過三十幾年。這三十幾年，世事變化不少，當然這地方更是起了巨大變化。以今年回去掃墓時所看到的來說：這裡已成綠洲，有一條不輸一般省道的寬大柏油路通到東面的沿山公路，另有一條同樣寬大的柏油路通到西面的屏鵝公路，也可以再往西通到南二高及沿海公路。箕湖和獅頭兩村也一樣有柏油路相通。

　　兩村舊貌未改，部分平房已新建為現代樓房，箕湖村的太子廟仍在，除餉潭大橋已建成外，多了一座通往新埤村的橋梁；除糖廠開發的河床土地種植水果和造林外，兩村也種植農作、樹木、水果和花卉，箕湖村還有一個相當大的農產蔬果運銷中心和一個附近聞名的運動公園，處處綠意盎然，花開蝶舞鳥飛，可說已由荒漠變成綠洲了。曾經到路旁住家小店向一位打赤膊全身赤黑的老人探問。我自我介紹後，他竟然還記得有我這麼一號人物，尤其特別自動提及該村出身的我的同事——當年我們一同就讀潮州中學，後來到新埤國中，我兼教務，他任訓導。他現在早已退休遷居我的故鄉潮州了。

　　時光不停流逝，那一片因力力溪造成的荒漠般河床和兩個荒蕪的村子，竟由一片荒漠變成綠洲。真是世事滄桑，十年河東，十年河西。大約世事的變化有出自上

蒼的，有出自人為的。這裡的變化則出自人為。人定勝
天，非不可能！

2013/9/19 人間福報副刊

與鬼神爲鄰的日子

　　我於一九七〇年前往新埤國中任教。在那裡待了整整九年，於一九七九年離開。那段期間可以說是與鬼神為鄰的日子。

　　事前我並不知道。

　　該校只有兩棟宿舍，就在校門口左前方圍牆外過道路的路邊，四周圍有磚頭水泥圍牆。靠校門口一棟住校長一家，我一家住另一棟。

　　學校門口原來只有一條東西橫向名為化民路的短小道路，是從緊鄰的建功村通過來的，只通到學校圍牆東邊的小門口。學校北面和圍牆東面便是樹林了。種的樹主要是桃花心木。原來該校是九年國教開始實施時設立的。是利用緊鄰的建功村公共造產樹林闢建的。剛建校時，我曾去找過我高中導師該校校長李友蓮和在那裡任教的高中同學。那時校舍還在興建，沒教室上課，便以樹下權充教室。學校門前除東西橫向的短小道路而外，向北是沒有通路的；但是住在萬隆村、萬安村、保

水泉和海豐寮等的學生出入很不方便，學校便決定從校門口校長宿舍東面圍牆邊闢建一條道路，向北連接糖廠的產業道路，方便他們上下學。

料想不到，挖土機一挖，推土機一推，竟然挖推出了死人骨頭。

那是一則大消息，傳遍學校內外。訓育組張組長是建功村人。他熟知這裡的情況，說這裡是日本時代日本人槍決犯人的地方；小時候，他們進樹林裡玩耍或放牛，總在日落前趕快回家，不敢多所逗留。他說那些屍骨可能就是當年被槍決的犯人的。他這一說，更叫全校師生人心惶惶。

我卻無動於衷。原因是，一方面既已住下來了，除非搬走，否則怕也沒用，何況校長一家也比鄰而居，另一方面是我從小就不信什麼怪力亂神。

可是奇怪的事發生了。就在開學沒多久，住在校內的工友老徐傳出消息，說晚上睡覺時會聽到鐵條碰撞校門鐵欄杆的聲音，我們卻沒有聽到；又說晚上睡覺時好像有鬼掐住他的脖子，令他會感到喘不過氣來。這些我都不予置信。我想那可能是他的幻覺吧！

就在他傳出消息後沒多久，有一個下午，我在三樓從東面算來第二間教室上課，忽然看到窗外校園好多人，有學生，有老師，往學校東邊小門那邊跑。我當時

兼教務主任，學校事，不論大小，我都要關心，乃暫時停下上課，請學生先行自習，下樓查看。當我下得樓來，大部分學生和老師已經從小門那邊回來了，圍聚在校舍最西面獨棟平房製圖教室四周。我立即進去。只見一名全身舉止像乩童的學生全身顫抖不止，任張組長如何叫他不要亂動，他還是顫動不止。當場還有一些老師，包括那名學生的導師都無能為力；最後張組長騎機車急速回村裡，請來一名法師，才讓他恢復意識，安靜下來。在法師讓他安靜下來過程中，他曾自稱是他住的箕湖村三太子哪吒新廟要落成，三太子要找他作乩童。張老師告訴他這是學校，要找他當乩童也要讓他回去以後才找；否則學校秩序會亂成一團。他猛點頭，表示知道。

　　第二天上午，我在一樓最東邊教室上課，突然聽到隔壁教室有老師大叫的聲音。我以為是哪名調皮學生和老師發生衝突，趕忙過去探看。原來又是那名學生發作了。他不自主地顫抖，任課的羅老師大喊立正口令，企圖讓他停下來；他卻把口令當耳邊風，仍然顫抖不已。我便用手扳著他的肩膀，把他帶到製圖教室；然後告訴他：

　　「昨天已經告訴過你，要找他當乩童，讓他回去後再找。這裡是學校，你這樣我們沒辦法維持秩序。」

　　他又是猛點頭。

「那你就退去。」

說也奇怪，他馬上停止顫抖了。我大為懷疑：我變成法師了嗎？

我乃要他收拾書包回去。

此後，這名學生就沒有再發作過了。據說是他父親帶他去找縣議員王長成給弄好了。

說起王議員，他是這地方的一個傳奇人物。他曾當過小學校長，也曾當過法師，當時則是一名台灣從第一屆當選起到那時唯一的連任八屆縣議員。有一次，我們一個研究小組到萬巒赤山再過去靠山邊的水雞潭（明潭）觀音廟小聚。他突然指著廟後山坡說，那邊一條通往山裡的山徑以前常常發生車禍，有人死在那邊，那邊便成台語說的很「歹坑」的地方，後來有人找他去作法驅鬼。上去時，他坐的也是當時大部分人尤其是進山運木材用的交通工具馬達三輪車。他看到車子走得似乎有點喘不過氣來，又看到山澗深不可測，越坐越怕，心想，如果馬達三輪車沒走好，一個閃失，滾落山澗，「吾命休矣。」急中生智，他叫停該馬達三輪車。找他作法的人說還沒到；他卻回說在那裡就可以了，他的法力無邊，可以把那些厲鬼招過來治裁。果然那次做法以後，那邊便不再發生車禍了。我們紛紛問他，他真的有這麼大的法力嗎？他回說：「天機不可外洩。」

　　是呀！天機不可外洩！我在新埤國中，可以說是與神鬼為鄰了。那些鬼神怪事，果然真相為何？至今我仍如墜五里霧中，不得而知。

　　其實，那所學校建在樹林中，種的主要是桃花心木，還有少許蘭心木（爛心木）等，很是扶疏，一片碧綠，很是養眼，尤其桃花心木，一棵棵直立而上，到樹梢才分枝長葉，冬天時掉光葉子，果實迸裂，種子掉落，如螺旋槳緩緩飄下，相當好看。我以那裡為背景寫了一本散文集，名為「綠園散記」，同時出版了另外三本散文集「毯苗」、「綠蔭深處」和「夏蔭」。說來那是一個很適於學生學習的地方，只說境教的作用就很夠了；可惜新埤鄉幅員雖廣卻窮，人口不多，學生來源有限，又加上升學主義作祟，很多家長都讓子女越區到他鄉鎮的學校就讀，以致學校辦起來相當辛苦。

　　我相當懷念那個地方和那些日子，即使是與鬼神為鄰。

2013.10.27　更生日報副刊

鼓浪，在鼓浪嶼

　　那年，曾經收到現在已故的菲律賓華僑詩人雲鶴邀我參加東南亞華文詩人筆會年會的邀請函。那是二〇〇七年十二月的事，地點在鼓浪嶼。在那之前，我曾聽過鼓浪嶼之名，卻對該島印象不深。從那時起，我對該島便有了想深入一層去探究的心念。這心念如鼓聲似浪湧，不時在我心中鼓浪。既能被選為詩人集會之所在，必有其特異可取之處！

　　終於，機會來了。前年十二月，新北市許姓宗親會應邀前往金門參加許姓家廟新居落成，順便遊廈門，包括鼓浪嶼，我當即報名參加。

　　但是，匆匆去回，時間短暫，自覺觀看尚有未盡之處，仍想如有機會再次前往一遊。天從我願，去年十一月底、十二月初，第十六屆世界許氏宗親聯合懇親大會暨祭祖在廈門舉行，新北市許姓宗親會組團，行程有鼓浪嶼一站，我便欣然報名參加，以償我願。

　　鼓浪嶼，隔一條鷺江，與廈門相望，兩地都是島嶼，

最近距離僅六百公尺，前往則以渡輪為交通工具。該島面積雖只有一點七八平方公里，卻歷宋、元、明、清以迄現代的傳衍發展，尤其鴉片戰爭敲開中國大門後，中國門戶大開，英國、法國、德國、美國、日本、西班牙、荷蘭、丹麥、葡萄牙、奧地利、瑞典、挪威、比利時等十三國先後在那裡設了領事館，一方面有中國傳統的深厚基底，另一方面又受歐風美雨的影響，遂成古今中外雜揉，本土與外來習俗相融，傳統和現代交錯，更增添了它的多采和傳奇，吸引了眾多人們的目光。

　　登上鼓浪嶼，最先感受到的當然是它的海洋風情。小小的島嶼，四周都是海。在前往的輪渡上，鹹鹹的海風便徐徐吹來，親吻遊人的臉頰和周身，上得輪渡碼頭，海的滋味濃濃地瀰漫四處，而小市場上也可見漁民捉回來的魚類在路邊擺攤販賣。那是最新鮮的海鮮了。

　　踏上島嶼，令人驚奇的是，除了電瓶車，不見任何車輛在行駛。要遊島，除了搭電瓶車，只得靠自己的雙腳。別妄想舒適地乘坐遊覽車、公共汽車，或計程車去遊島。在這島上是不可能的。那也是很可回味當年讀小學時的遠足滋味的。那或許是苦，也或許是有趣呢！幸好島不大，除非年紀大或體力衰，否則應該人人擔負得起吧！

　　為什麼沒車輛在行駛呢？只要往前走就知道了。原

來島上沒什麼像樣的道路，一條條都是窄窄小小的巷
弄，彎彎轉轉的，一會兒爬坡，一會兒下坡，稍大一點
的車根本無用武之地。當然最可能的決定因素是，當地
政府的政策，注重環保，不叫他們的空氣受油煙汙染，
也不叫噪音到處橫行，危害環境安寧和人體健康。

　　再向前走，入眼的是不少巨大的建築。它們把道路
擠得愈來愈窄、愈成巷弄。有中國古典風格的，有純西
洋式的，有很土的，有蠻現代的，有中西合璧的。信不
信？我們且看看它們的名字吧！怡園、許家園、八角樓
（林氏府）、李清泉別墅（容谷）、博愛醫院、海濱旅社、
鹿礁路民居、觀海別墅、英國領事館公館、大宮后驗貨
樓、廖宅（林語堂故居）、李家庄、四落大厝、大夫第、
金瓜樓、時鐘樓、三一堂、林文慶別墅、亦足山庄、觀
彩樓、黃家花園、福音堂、瞰青別墅、西林別墅、林屋、
殷宅、安獻堂、番婆樓、西歐小築、船屋、原美國領事
館、原日本領事館……由這些名字便可看出其多樣性。
其實每一座建築都有其代表性，都有其傳奇故事。而那
裡頭可能就有我們耳熟能詳的名人住過或待過，如鄭成
功、林文慶、弘一法師、巴金、魯迅、舒婷、蔣介石等
等。他們每每為這島嶼添加傳奇色彩。

　　這島嶼一個很大的特色是，學校和音樂人口多得驚
人。主要是當年西歐各國自鴉片戰爭後進駐，除傳教、

辦學校外，為了傳教及教育，把學校和音樂也傳進去。那時，這小小的島嶼，包括幼稚園、小學和一般學校，竟有十八所教會學校，十四所非教會學校，擁有一百多戶音樂世家和五百多架鋼琴，出了一個中國現代第一位專業音樂教育家、第一位合唱女指揮家、第一位女作曲家周淑安，有一座中國唯一的鋼琴博物館，館內陳列了旅澳華人胡友義九十多架私人收藏古鋼琴，擁有音樂廳、多所音樂學校，還有許多民間唱詩班和音樂方面的活動和音樂名人等等。當然也有當時中國人被西歐人欺負血腥的不堪事件，據說日本領事館便闢有專關中國人的地下密室。

　大江東去，浪淘盡，千古風流人物。現在看到的那些巨大建築，有些已物是人非，或流為民間住宅，或已荒廢，或已改為療養院（是休假中心，意思與台灣的不同），或成為招待所，或已改頭換面，各有其不同命運，但是絕大部分仍有其原貌在，仍不改其清幽與原始姿態；只是將來會怎麼變化，就難以預料了。畢竟時代在前進，它不改變怕也不易，尤其成為觀光地區後，改變怕很難避免吧！

2014.02.14　人間福報副刊

種荔記

　　最後一棵新植的荔枝苗，終於蹦出新芽，長上初葉了。那些新芽、初葉，星星點點，細細碎碎，散佈在一支向南向上斜伸而出的褐色枝椏上。新芽像極了才出生全身通紅的嬰兒，不住地翻滾哼唧著，初葉則是稍長的天真爛漫小孩，不停地蹦躍歡呼著，把落盡了葉子原本毫無生意的枝椏，添上了無限生氣。

　　這些日子來，我心中的喜樂之情，正如海潮的持續高漲，一波又一波，一波勝過一波，久久不停。

　　寒冷的冬天已經過去。溫暖的春天已經來到人間，帶來新生的氣息。十八棵新植的荔枝苗到這時已經全部蹦出新芽，長上初葉了。時候正好！相信它們會從此繼續不斷順利地成長苗壯。

　　從去年那個寒冷的冬天種下後，這棵荔枝苗便和其他同時種下的新荔枝苗一樣，枯盡了葉子，掉光了葉子，只剩下幾枝毫無生意的褐色枝椏，無言地伸展向上空，仿佛在向我提出抗議，向寒風示威。經過我兩個多

月來每天持續不停地澆水，這十八棵新植的荔枝苗，終於隨著春天的漸次來到，一棵棵慢慢地蹦出了新芽，長上了初葉，以致全部蹦出了新芽，長上了初葉。它們像一句句溫馨的話語，一朵朵小小的火星，滿足了我兩個多月來的渴盼，把我心中的暗室充滿了亮光。

冬天少下雨，水少，太乾了，誰都知道不是種植的好時候；如果勉強種植了，除非勤加灌水，否則成活率非常低，甚至全軍覆沒，沒有一棵存活。我出生鄉間農村，也在鄉間農村長大，「沒吃過豬肉，也看過豬走路」，這道理我怎麼會不知道？我也知道，荔枝要在早春時候定植；冬天此時種，一定要勤於灌水，而這些又是補植，一灌水，正要開花結果的原有荔枝會發芽長葉而不開花結果，只得用人力來澆，必定非常辛苦。可是，沒辦法，這時非種不可呀！

「趕快種！再不種，根會枯掉，就種不活了。」原因就在這裡。從去年雨季結束後沒多久，大弟發現我疏忽了，沒在雨季裡種，便開始催促我了。我記不清他已經催促過我多少次了；我卻一直拖延著。我怕不是時候，種下去，如果灌水，原有的荔枝會發芽長葉而不開花結果，只能用人力提水澆，太辛苦。現在，他發出最後通牒了。

不能怪他。他有他的道理。

　　這座果園是先父過世前兩年，給我們兄弟分家，分給我的。面積有三分多。原來種的是香蕉，在移交給我的前幾個月，先父給種下荔枝和蓮霧。接過手後不久，正好台灣香蕉外銷日本碰到從未有過的大挫折，又有黃葉病為害，真是「禍不單行」，我便在一個春節後的第三天把香蕉給全部砍掉不種，只留下荔枝和蓮霧。後來發現，荔枝在開花前不能灌水，一灌水便發芽長葉，不開花結果，尤其是大寒那天，連一點小雨都不能下；但是這時正是冬天，蓮霧需水最殷切，沒水便不開花結果。兩者正相衝突。這予我很大困擾。怎麼辦？砍掉荔枝？砍掉蓮霧？我一直猶豫不決。我本身在教書，又常耽於讀書寫作，兼且較「文身」，也懶，便「一晃過三冬（年），三晃過一世人」，一直拖延下來。在這段期間，也有親友建議我全部砍掉，改種別的作物，例如檳榔、椰子、西瓜、哈密瓜、芒果、鳳梨、釋迦或檸檬等等，說比較有經濟效益，我都「秀才造反，三年不成」。雖然一年請人噴幾次除草劑，仍然無濟於事，雜草叢生，芒草尤其霸道，到處攻城掠地，競生漫長，高及胸肩。在這座果園的舞臺上，原來是主角的荔枝和蓮霧，反而屈居於配角地位。它們幾乎是自生自滅。種蓮霧要很多工夫：除草、剪枝、催花、施肥、灌水、選果、除蟲、採收、運銷……這些我做起來都相當辛苦而困難；因此，

這果園的蓮霧，每年結的果子很少又很小，並且未成熟就掉得滿地都是，偶而內子和孩子們高興了，才撥開草叢，穿過草叢，去採幾顆沒有掉光的僅存「碩果」。種荔枝則不同，雖然缺乏照顧，但是少得病，只是結果少些而已，通常都包給別人採收，價格相當低，每年一萬元左右，我也不以為意，反正有收成比沒有好；沒想到，去年開花結果時，沒有人願包。我也就說算了，反正沒有人包自己吃個痛快，有什麼不可以？這一來，哇，我給搞糊塗了！那些荔枝，看似不多，卻是深藏在葉底而不露，越採越多，仿佛我們白天採過，它們便趁夜又偷偷長出來，自己吃，送親友，竟然採不到其十分之一，只好採了，運銷北部，部分由內子用機車載著去試賣。結果大出意外，竟然賣了六萬多。

「把蓮霧砍了，全部種荔枝吧！」內子心動了。

「好呀！」我也心動了。

但是，誰去照顧？總不能仍然任其自生自滅呀！

「荔枝不太需要照顧。對我們這種『沒閒』的人，是最適合不過了。最多一年施幾次肥，噴幾次藥，自己做不來就請人嘛！」

「但是，妳不考慮公母年的問題嗎？」公母年指的是，水果有隔年或一年生多一年生少的現象，荔枝尤其顯著。

「總比現在任其自生自滅好呀！」

「好吧！」

「但是，荔枝苗呢？」

買呀！壓條呀！播子呀！接枝呀！插枝呀！……

後來，弟弟知道了。他說：「盤枝！盤枝最好了。容易活，不花費，種又純！我幫你包。」

盤枝，大概就是書上所謂插木法的一種，通常是找原樹的好枝，拇指般大小就可以，把樹皮大略刮掉，覆上泥土，再用塑膠布包裹起來，每天澆水，待根長出來，長得夠多了，鋸下來種。這工作，我小時候常常看見先父做，印象很深；但是，我從小一直比較在學校讀書，而且大學畢業後就教起了書，比較所謂的「讀冊（書）」人，比較「文身」，不像大弟只讀完初農，就從事農耕工作，比較內行，所以決定請他代包。所謂包，就是指做用塑膠布包裹起來以前的工作。不過，包的工作好做，如果是乾季，日後的每天澆水卻是大「工程」，須每天澆水外，還須把水提高到枝間澆呢！這除了舉高會重以外，還可能把自己也當成一棵荔枝苗，給澆得全身濕透。為了免去我每天澆水的麻煩，決定在正是雨季的時候包。

「噯呀！真該死！我一直忘了，沒提醒你，包的荔枝苗根老早長夠了，快鋸起來種吧！」是去年雨季結束

後不久，大弟突然想起來，告訴我。他說，早該在雨季裡種的。那時候，有雨水，種了，可以免去澆水之苦。他忘了提醒我了。這時候雖然雨季已過，還是可以種，只是要澆水就是了。

接著，他一再催促我種。大概因為是他包的苗，忘了提醒我早些種，內心有所不安吧！我記不清他已經催促過我多少次了，我卻一直拖延著。我怕不是時候，種下去，為了不影響原有的荔枝開花結果，不可灌水，需每天不停提水來澆，太辛苦。一般荔枝都在初春定植。等到那時候再種就好。

「趕快種！再不種，根會枯掉，就種不活了。」終於，他發出了最後通牒。他還說，如果要等到初春才種，要不讓根枯掉，每天就得提水去澆，這樣要等三、四個月，這「工程」不小，會受不了，而且即使我受得了，可以提水去澆，但是從包覆到鋸下來，時間已超過半年，只吸收水分，不到土壤裡吸收養分，苗會怎樣，他不敢逆料。這時候種，提水來澆，一段時間後，它們發芽長葉了，就可以停止澆水，辛苦麻煩的時間短，划得來……總之，就是非種不可。

那就種吧！反正該澆水就澆水嘛！

但是，且慢！還早呢！蓮霧還一棵棵直立在那裡，草還高及胸肩，競生漫長，茂盛得很，怎麼種？

　　砍蓮霧，「工程」較大，我能力不足，而且學校已經開學，沒時間讓我做，只得請人。

　　當然，那些競生漫長的「茂盛」雜草，也請人噴了除草劑。

　　待蓮霧砍完，乾草伏地，已經是去年十二月了，種植的工作立即進行。

　　我和內子兩個人一起去種。那是去年一個寒冷假日裡的事。

　　先拿手鋸，找大弟包的苗，給一棵棵鋸下來，放到蔭涼的地方。

　　需要加種的，實際上是三十棵，弟弟包了三十幾棵，所以防備包失敗了沒長根的！結果，只鋸得十八棵。

　　也只能這樣了。不足的，以後再說吧！

　　接下來的工作是挖洞、搗土和種植。

　　我們用圓鍬挖了十八個洞。每一個洞裡，我們都給放進鬆的土壤，加水，用木樁一下一下去搗，把水和土壤搗成濃米湯似的泥漿，再把鋸下來的荔枝苗種下去，剪去多餘的枝葉，便大功告成。

　　冬天種植，搗土成泥漿是很重要的。這樣，可以保持水分，使不致很快蒸發掉或流失；乾了以後，灌水也比較會吸水，保住水分。這工作最是辛苦。濃泥漿黏性大，不易搗，更急不得，真是吃重；搗到最後，手掌、

手肘和手臂酸軟異常，簡直就搗不動了。

　　一天下來，把我們弄得腳酸手軟，雙手起泡，疲累不堪。好久沒做這麼粗重的工作了。

　　次日起，開始澆水了。

　　這是我的工作。內子忙於她的裁縫和電繡。孩子們忙於他們的功課。他們抽不出時間來澆水，只好由我來。

　　每天，或早或晚，上班前或下班後，我便去澆一次水。

　　才十八棵，每天澆一次水，照理說不難。是怕原來的荔枝發芽長葉而不開花結果；不然挖好水路，按一下抽水機開關，水便源源流出來灌溉，可說是反掌折枝，輕而易舉。可是不能這樣。如果這樣，原來種的荔枝今年不就馬上會發芽長葉，不開花結果，全部報銷了嗎？只好由兩百公尺外，用大水桶一桶一桶提水過來澆。這才不簡單。算算，提那麼一大桶水，重約十公斤，走一兩、百公尺路，連提空桶回程算，一趟就得走三百多公尺，十八趟走下來，等於一天走五、六公里路。如果是短期間還不打緊，是要每天持續不斷地走呢。如果水澆了下去，苗便發芽長葉，見出成效，還不打緊；不幸的是，水澆了下去，不但看不到它們發芽長葉，相反地，從第二天起，它們的葉子竟然開始枯了，掉了：一片、兩片、三片……一棵、兩棵、三棵……終於，葉子全部枯盡掉光，只剩枯枝在冬風中顫抖。唉，多悽涼悲愴的

情景！這情景，任誰看了都會心灰意冷，甚至傷心落淚。想想，有誰面對這一無生意的枯木，仍能堅持不停地澆水？這跟播下稻殼，希望能發芽，長成稻子，太相像了。這跟姜子牙釣魚，魚鉤是直的且又離水三尺，有什麼不同？這跟息息法斯被罰推石頭上山，每次將到達山頂便落下來，他又推上去，有什麼不同？這需要有多大的決心、信心、愛心和耐心呀！我的職業是教書，喜愛的是讀書和寫作。其中教書和寫作，正是最需要決心、信心、愛心和耐心的。每次看到那些「枯木」，意興闌珊，不想澆水，我便會想到我的教書和寫作，打起精神，振作起來，放棄功利的想法，繼續一大桶一大桶地提水來澆。

　　日子不停地過去：一天、兩天、三天……。

　　很快地，寒假到來了，寒假又過去了……。

　　水不停地澆下去，和著殷殷期盼：一大桶、兩大桶、三大桶……。

　　我手掌裡的繭，慢慢地結起來了，厚起來了：一個、兩個、三個……。

　　寒流來了，又過去了；來了，又過去了……。

　　寒流的冷度越來越減，氣溫越來越升……終於，寒流成了強弩之末了，有春意了……。

　　在每天的澆水下，在殷殷的期盼中，十八棵「枯木」，有一棵蹦出新芽，長上初葉了……。

　　這時，距離種植時間已經超過一個月。好漫長的等待！

　　哇！多麼可喜呀！它們滿足了我一個月的渴盼，掀起了我心中喜悅的浪潮。

　　它們在枝頭，蹦出來，長出來，滋生著，抽長著，星星點點，最先是紅色的，小小的，好像才出生的嬰兒，全身通紅，細皮嫩肉，鮮潔可愛，不住翻動哼唧著，台語稱作「吐紅（礦？）」；然後慢慢長大，轉為綠色——由淺綠而深綠，像嬰兒已長大成一個天真爛漫的小孩，輕盈活潑，到處亂蹦亂跳，口中胡言亂語，輕哼漫唱……。

　　日子不停地過去：一天、兩天、三天……。

　　我手上的繭，越來越厚……。

　　幾天以後，又有一棵蹦出新芽，長上初葉，給我增添了更多喜悅……。

　　幾天以後，又有一棵蹦出新芽，長上初葉，給我增添了更多喜悅……。

　　終於，每一棵都蹦出了新芽，長上了初葉，功德圓滿。哇！好令人喜悅！

　　它們的勇敢，更叫人佩服。兩個多月，它們不怕寒冷之苦，如今已苦盡甘來，冷去暖來。

　　做什麼事，不能太功利，只求速效。短時間看不到成效就放棄，只能落得個功虧一簣。至於一曝十寒，更

不可能有成就。土地是最公正無私的，有一分耕耘，便回報以一分收穫。如果當時澆水，看見越澆葉子越枯越掉，或澆了好久不見發芽長葉，我便半途廢而不澆，哪會有今日？確定目標，堅持努力，不稍鬆懈，總會日起有功，抵於成功的。

我相信它們從此會繼續不斷順利地成長茁壯。

或許澆水會改成兩天或三天一次；但是，在雨季來臨以前，我不會停止澆水。

我不但相信它們會繼續不斷順利地成長茁壯，也希望它們能繼續不斷地順利成長茁壯，甚且成長茁壯得更好更快。

同時，我下定決心，要用心好好照顧這座果園，不再任其荒蕪。——當然，還沒有補種的十二棵，明年雨季時要給補種起來。照顧好這座果園，將成為我一生中一項嚴肅的工作。

附言：國家圖書館來電，要收藏我的手稿。現在我已用電腦寫作了，哪來手稿？乃翻箱倒篋尋找，不意竟翻到一些舊作。這些大概是一九八零年代時寫的，原擬寫多些自成一輯，再行發表或輯印成書，卻因遷居新莊，給塞在屋子一角，終至忘掉。現在它們重新「出土」，給我另一番喜悅。本文為其中一篇。

2014.2.15~16 中華副刊

大瞪眼，緊握手

　　那是到廈門參加第十六屆世界許氏聯合懇親大會的第三天，大會依照原定的行程，前往同安地區旅遊。下了好幾天的雨，這天天氣放晴了，好像老天也知道我們要出遊，作了特意的安排。

　　下午，我們來到了大嶝島。冬天雖冷，卻喜有陽光普照，很適合出遊的。方便鬆動身體筋骨的好時光！

　　雖然大部分大陸地區的許氏宗親已打道回府，大陸以外其他地區的許氏宗親，有來自台灣的、美洲的、東南亞的、歐洲的等等，仍然坐了十五輛遊覽車，陣容不可謂不大，就這樣浩浩蕩蕩地進入了大嶝島。

　　小小的島，連更小的小島小嶝和角嶼加進去，這大陸上所謂的「英雄三島」，面積才十三點二平方公里，澎湖就有一百四十一點零五二平方公里，足足比澎湖這小島小了十倍有餘，恐怕只能說是個小漁村；但是名聲卻相當響亮，現在已是大陸旅遊的亮點，據統計，單是 2010 年，慕名到大嶝市場旅遊購物的遊客就有二百多萬

人。原來它是在八二三炮戰時扮演了極重要的角色。是
以這自然而然打開名號招徠遊客的。

　　的確是小，雖有當地居民組成的樂隊歡迎，讓行進
速度稍為遲緩了些，遊覽車卻不要廿分鐘時間，幾乎整
個島便被跑完了。所經過的不外漁村景象，有海上吹來
的鹹味海風、海邊沙灘、漁船和漁網，有漁村裡常見的
那些矮小民宅、防風林和海邊植株，當然也見到當年戰
爭時期留下來的防空洞、掩體、砲台等遺址，還有一個
現在軍隊駐防的司令部。此外，令人意外的是，竟然出
現不少飯店、食堂及民宿，都是現代鋼筋水泥建物，具
有現代科技設備。免不了的，這島既已成為大陸旅遊觀
光亮點，飯店、食堂和民宿等旅遊徵象物自然是雨後春
筍般應運而生了。

　　其實，大蹬曾經歷不少滄桑。說從頭，據史料記載：
「唐、宋、元、明時期，大蹬與金門同屬同安縣。明洪
武年間，大蹬遭倭寇侵擾，居民悉數遷徙內地。1472 年
倭患平息，蹬民回遷。1937 年日寇發動侵華戰爭，同年
10 月 26 日金門淪陷，國民黨金門縣黨部及縣政府遷移
至大蹬。……1957 年大蹬由南安縣代管。1971 年大蹬劃
歸同安縣，隸屬晉江地區。同年 3 月，大蹬隨同安劃歸
廈門市。」這是大蹬的主要變遷歷程。而其所以聲名大
噪的原由，前面提過，是 1970 年代末期那次金馬炮戰。

那是劍拔弩張的時代，是兩方大瞪眼，應了大嶝之語音，台語所謂「照角」的時代。很多人在那場戰爭裡無辜地犧牲或傷殘了。大嶝距離金門最近處約只有一千公尺，兩方除了炮彈的相互來往「贈送禮物」，常常互相用廣播喊話，對方都聽得一清二楚，有時雙方還相互調侃或玩笑呢。

我們的終點站是該地的「全國惟一，地道台灣味＋免稅」的大嶝小鎮。顧名思義，大嶝小鎮是一個特殊商業區，出售的主要是台灣出產商品，諸如台灣休閒食品、飲品、調味品、煙酒、茶葉及茶藝、工藝品、珠寶手飾、運動及戶外用品、圖書及音像製品、洗滌用品、化妝品、生技產品、土特產品、創意產品、餐飲等等，幾乎在台灣買得到的台灣商品在這裡都一樣買得到，還設有台灣特色鄉鎮交流展示館。總之，全是台灣的東西，只要所購之物，在三千元人民幣以內，全部免稅。因為大陸現在一如 1970 年代的台灣經濟起飛，又被一鼓「瘋台灣」的風吹襲，所以去觀光旅遊購物的很多，絡繹不絕。這個商業區建築相當堂皇，設備相當完善，現在還在招商中，第二期即將結束，第三期也將開始。其將來性是可以肯定的。

從台灣出發時，天氣陰雨連綿，相當寒冷；到廈門，開會兩天，會場在室內，天候也是如此；第三天要出去

旅遊，天氣則轉晴了。這莫非是天意。是否象徵兩岸的情勢變化，由對峙而和解？現在還有人倡議「一個中國」、「兩國論」、「一邊一國」、「特殊關係」等說法；其實，那些都是有心政客在鬥嘴，互噴口水。去！去！我們要的是世界和平，民生富裕，安和樂利。別把口水噴到我們身上！但願兩岸關係，如我們這次到廈門的天氣和旅程，走出陰霾的「大瞪眼」，進一步能「緊握手」！

2014.04.14　中華副刊

驚豔三鶯陶花源

　　日前讀到一篇文章，作者說他騎自行車，從新莊沿環河路到大溪。一路有許多美景，他逐一介紹，並附照片，特別是那一片片韭菜花。我想起去年我家靜靜也曾騎自行車走過，便向她稍為探問了一下，沒想到今天一早她就從三樓下來，說要載蜜子和我前往一遊。正好我們迎來才剛四歲的外孫勁毅來家照顧，就順便帶他一起上路。

　　是週末，正當秋末冬初，天陰，微寒，很適合郊遊的。

　　車子沿著環河路慢慢開過去。

　　她一面開車，一面介紹著景點。

　　環河路緊靠著大漢溪堤防。路右面是一些住家建築，左面堤防上，靠路這邊，是綠草坡，間隔一定距離便種一棵樹，看起來應該是黃目子（無患子），還是台灣欒樹；再上去是一條自行車道，有好些穿戴著自行車騎士服裝和安全帽的人，騎著自行車在奔馳。我家靜靜和那位騎士走的就是這條自行車道，是從三重沿河堤直

通大溪的，給自行車族一個極大方便。堤防高，大漢溪內的景致只有幾處堤防較低的地方可以看到。

不久，來到了一片開闊的地方。看起來，那好像是一個公園之類的廣場。靜靜把車停好，我們開始徒步。

原來那是三鶯陶花源，也有稱為桃花源的，包括藝術村、風箏廣場、水岸景觀公園、陶瓷公園、河濱公園、自行車道和三鶯龍窯橋等，一處接一處，連綿而去，佔地三十二公頃。據說這是大漢溪和鶯歌溪兩相會合沖積而成的新生地。可以看得到的是藝術村裡有許多藝術表演的場所，包括一個別處難於見到的水上舞台，風箏廣場讓人聯想並看到風箏在穹蒼飛翔的景象，水岸景觀公園和河濱公園是近大漢溪和鶯歌溪親水的地方，溪中水流潺潺，溪兩岸芒花正開，一片片白芒隨風飄舞，陶瓷公園除矗立一座超大製陶瓷窯爐模型外，就是各種陶瓷製品的模型，包括有碗、碟子、調羹、甕等，都是放大的超大模型，大到我外孫勁毅坐進調羹裡竟不到其五分之一，至於自行車，也可租借，不一定要自備。我們一處處走，一處處玩，外孫勁毅則高興得蹦蹦跳跳，高聲呼叫，笑聲連連，一無倦意。這個小精靈，如果是他喜愛的，再苦他都笑嘻嘻的，蹦蹦跳跳的；但過後他就喊腳酸了。這時我都以沒聞到酸味來回應。……最後來到了三鶯龍窯橋。這橋跨過鶯歌溪，接通兩岸，去年一月

十二日才啟用。橋因在鶯歌，近三峽，橋形似龍，乃取此名。這橋很特別，長度有八十五公尺，寬和高各為三‧五公尺，採用鋼構桁架，呈圓筒形，沿途牆壁記錄鶯歌長達二百年的重要歷史，尤其是製造陶瓷的歷史進程，橋內兩邊有一格格放大的色彩和光影，進入其中就像走入時光隧道，據說晚上燈光亮起，相當燦爛耀眼，從高速公路遠眺，好像一隻小金龍在鶯歌溪上飛舞。從橋尾走過去，前門口有一個未來廣場，近龍口處置有一大金色圓珠，象徵龍吐珠，是建築團隊「風乘雲，龍吐珠，光成影，陸相連」的構想……。

對鶯歌，早年我只在就讀大學時南來北往乘坐火車，從玻璃窗遠望過鶯歌石，印象不深，後來因陶瓷聞名，去參觀過三次，印象也不深；這次偶然來到這裡，看到這三鶯陶花源，是利用新生地闢建的，很覺驚豔。是個意外收穫，只是才開發沒多久，樹木花草還有待成長，尚未普遍為人所知，將來可能如小家碧玉，為人發現，成為一個很可觀賞的新景點；何況陶瓷博物館就在約一公里的地方，以後去那裡參觀的人，「一兼兩顧，摸蜊子兼洗褲」，順道前來是理所當然的。至於在大溪的韭菜花，因不是開花季節，也就不去看了。

2014.07.05　更生日報副刊

貴妃採荔？

　　季節已近荔枝成熟時。剛好二妹在南投嫁女，趁著去參加喜宴之便，我和內人蜜子於宴後，搭從南部載親戚前去參加的回程專車，回潮州探看荔枝成熟狀況。

　　今年荔枝結的果實不少，一串串，把樹枝都垂彎了，掩映在枝葉間，照理說應該可以大豐收；可是我們人住在北部，很少回去照顧，灌水，施肥，噴藥，這至少必需做的工作幾乎沒做，結的果子雖多卻不大，健康不良，尤其根據過去經驗，因為沒噴藥，果子一剝開，蒂頭便可能有蟲在那裡蠕動，現在它們還沒紅透，要採可得好好挑選。

　　怎麼辦呢？

　　還是採吧！既然來了嘛！採一些嚐嚐鮮也好。

　　這座荔枝園已種了約三十年，長得茂盛而高大，採起來不易。我們取了梯子，拄在樹間，開始挑選比較熟的採。

蜜子很高興，一馬當先，搶著爬上梯子，開始採了起來。她在上方採，採一把就放低，讓我接。她說我年紀較大，爬高較危險，不讓我爬梯子。其實她才比我小五歲，又比我年輕到哪裡去？是高興使然吧！荔枝莖枝脆，結果子的地方枝子較小，一折就斷，也不需用什麼太大的力氣，我又不是沒採過，她要採就由她去吧！想起廿幾年前，我比較「年輕力壯」，四十幾歲，都是我採，而且不用梯子，整個人爬在樹上，那麼採。那時我是大剌剌地把大莖枝拗斷，整支整支地折下來，然後由她在地面採果子，採過的莖枝就任由它們去枯乾腐爛，順便當肥料。記得有好幾次，我用力過度，竟然連莖枝連人從樹上摔下來，只是唉喲幾聲就爬起來繼續採了。

說是這樣說，採荔枝卻不是什麼輕鬆事。荔枝樹，整天整月整年站立在那裡，日曬雨淋風吹，不避塵土，鳥屎蟲屍都概括承受，可以想像得到，極髒污之至，而人在其中採果，一天採下來，全身除衣服外，整身整頭整臉都是汗涔涔的，烏麻麻的，更甚的是，枝葉繁雜，幾乎沒空間讓清涼空氣進去，整身的黑，整身的汗，採後疲累是必然的，不是一般想像的舒爽，更沒泰戈爾寫的那種愜意，我所寫的詩＜果樹園的呼喚＞也只是一種想當然的最美虛擬。凡是農事都是很辛苦的，不可能如旁人想的那麼輕鬆。當年楊貴妃在宮廷裡，吃人家從嶺

南採了送去的荔枝，是一種享受，她哪知道採的人和送的人有多辛苦？

　　這時，蜜子突然想起，該打電話找她弟媳帶孫子前來看一看，便下梯子打手機，我於是趁隙搶著爬上去採。幾分鐘後，她弟媳帶孫子來了，沒想到她好心地買了冷飲來。我採得正熱，正是得其所哉，從梯子上下來，打開瓶蓋就著口就喝，一邊交談。正說話間，突然一陣暈眩襲來，加上嘔吐，我支撐不住，只好往地上躺，把他們嚇了一大跳。

　　其實那也沒什麼好大驚小怪的。從小好像老天就對我特別照顧，不准我透支體力。雖然我在鄉間農村長大，身體一向沒什麼問題；但是每次透支體力，就會出現這現象，這次則加上同一個月已做了三次旅遊，最後這次三天兩夜，前一天才從墾丁回來，又夜間坐車從南投趕路，是否體力透支過度？也有可能是喝冷飲太猛受了「傷」……不過，年紀大了，機能退化，體力差，也不無可能。我是否也如楊貴妃需深居家中，安享荔枝，不能去採了？或只能借問「廉頗尚能飯否」了？我在心中自忖著……。

2014-05-2 中華副刊

翅果旋飛飄落

　　二月廿七日，我兒傑傑從美國回來，主要是回來掃墓。他約了他大學時的好友英宏一家，於本月一日，利用週末假日，和我們一家，前往三峽踏春。英宏家住板橋，我家住新莊，說好在三峽台北大學門口相候。他開一輛小轎車，我家也由女兒靜靜開一輛。等了好一會兒，他還沒到，我晃了晃，晃進該校，竟看見了好幾棵桃花心木。一下電光石火，那些桃花心木如一塊塊石子，投入我的心海裡，掀起一波波回憶的漣漪。不，不止漣漪，甚至是大浪。

　　其實，我是一九七○年到新埔國中任教才真正認識桃花心木的。在那之前，我雖曾到過該校，看到過師生因教室未建成，在樹下上課，面對那些桃花心木，卻一無所悉，甚至剛到職時，對那些蓊蓊鬱鬱的樹木都以我的黑眼珠對它們的白眼珠。

　　該校只有兩棟宿舍，緊臨校門口左前方路的對面，一戶住校長一家，另一戶就住的我家。我到職後約半

年，是交春後沒多久，有一個深夜，屋頂突然傳來碰的好大一聲，好像有人拿石塊丟擲到我家屋頂，令我大驚，內子當然更被嚇了一大跳。我們都以為有什麼意外會發生，整夜惴惴不安。次日一說開，別人大多說，可能是桃花心木的蒴果整枚沒有爆裂掉落在屋頂。我找來梯子，爬上屋頂，果然發現一顆沒爆裂的桃花心木蒴果。那就是它搞的鬼。

這是我第一次和桃花心木「交手」。沒想到當天和接下來的日子，就和桃花心木親熱起來了。

原來桃花心木是高大的植株，屬於楝科，常綠大喬木，全株挺直，高可達二十公尺以上，樹幹直徑三十到六十公分，平滑，略無分枝，到頂部才見分枝。大部分植物都在秋天或冬天掉葉春天長新葉，它們卻獨獨與眾不同，在初春掉葉，然後很快長新葉，約在六月間開花。花形小，淡黃色，開放時直徑約〇‧七到〇‧八公分，生長於枝條先端葉腋，呈聚繖花序，由聚繖花序集合成一大型圓錐形花序。開花後漸漸形成蒴果，圓筒形，堅硬異常，十二月至次年二月間成熟，胞軸開裂室有種子十至十二顆，赤褐色，成片，扁長形，一端輕而薄，飄落時便成了翅，旋飛時便成了螺旋。三月間是落果的時節，如果沒爆裂，整枚掉落，就像石頭墜地，碰的一聲，叫人驚嚇。那個深夜的驚嚇就是有一顆掉在我家屋頂的

傑作；如果爆裂，則稱為翅果的帶翅種子便紛紛飄落，
在空中旋飛，成為一個個螺旋，緩緩墜地，其美無比，
引得大家圍觀，尤其學生，還不時發出歡呼，雀躍不已，
甚至拿石頭丟擲，擊中蒴果，讓蒴果爆裂，翅果紛紛旋
飛飄落，以便觀賞。落果時節，在校園裡，這種景觀是
司空見慣的。更妙的是，好些學生為了觀賞，常會去撿
拾，等收集一大堆後，跑到高處給放下，觀賞其美，把
校園弄髒了也不管，老師屢勸不聽。其實老師也都不願
強制，只怕學生被丟擲的石頭或沒爆裂的蒴果掉下時擊
中受傷。看到學生那麼高興玩耍，誰忍心破壞？我兒傑
傑當時就是常參加玩翅果遊戲的一個。他有一張在樹間
籃球場玩翅果的照片，現在都還在相簿裡。那時他才兩
歲多，現在已跑到美國俄亥俄州特利路大學去當教授
了。唉，時光過得真快！

　　其實，桃花心木除會形成這美景外，實際上是有其
他作用的：當庭園樹，當行道樹，因枝葉繁茂，遮蔭效
果極佳。除田徑場外，當時新埤國中有些運動場地如單
雙槓、排球場、籃球場和手球場便設在桃花心木樹間，
而週會場地更設在樹蔭下，我們稱為天然禮堂。這怕是
天下少有的吧！其木材更可製作家具、器具、建材及雕
刻材料，尤其造船、製作樂器如鋼琴是上好的材料。

　　一九七七年元月，我在光啟出版社出版了散文集「綠園散記」，寫的是以新埤國中為據點，兼及對小時候在鄉間生活的回憶，筆下曾寫到桃花心木。記得在校對期間，主持人顧神父保鵠博士曾寫信給我，問是否為法國山毛櫸。大概是，法國山毛櫸秋後葉枯卻到春天才落，被稱為「枯而不落」，而他留學法國時常目睹，和桃花心木的情況有些相似吧！

　　現在那些情景已經遠了。那些蓊蓊鬱鬱的桃花心木，已成了我記憶深處的一部分，尤其那翅果成螺旋狀旋飛飄落的景象，每逢有人提起桃花心木，便在我心海裡掀起一波波漣漪，甚至大浪……。

2014.07.18　更生日報副刊

難得出太陽

　　今年春節後，幾乎天天下雨，天天寒冷，雨和冷的程度是這個冬天之最，沒能出門運動而外，更被冷得縮成一團，讓人的骨頭都要生鏽變硬了。難得今天出太陽，天氣回暖了。正巧惠惠他們一家要去關西休閒農場。哈，機會來了。急忙三步併作兩步，搶著上車。

　　開車的是小女婿欣儒。開的是他的休旅車。車內坐的是小女惠惠、孫女妍妍、孫子阿毅、內人蜜子和我，還放了一些「零零落落」的食材和飲料等。目的地是新竹關西山中那一塊地。

　　欣儒和惠惠早就想要一塊地，當休閒農場。前年，他們開始覓地，曾跑過竹南等地，經過不少次探看，最後決定落腳關西。才二分多。正如前面說的，不為正式耕農，只為休閒。

　　去年春節後不久，我們第一次去「耕作」。除我們六個人外，還有長女靜靜。兩部車相隨前往。車子開入關西鎮，再開出去，進入山區，一路由平

地向山中行，彎彎轉轉，穿過田野，穿過掩映的樹林和山丘，最後通過一條一邊高丘一邊低地的窄小短山徑，終於抵達。這塊地在山中，夾在低地和高丘之間，而且分成兩部分，一部分低，再低下去是別人家的田地，另一部分高，再高上去則是別人家種橘子和竹子的山坡。欣儒規劃較低的地種水稻。既是山中，可以想像得到，水是較缺乏的；但欣儒有他的辦法。他買來塑膠管，接山泉水來灌溉。他事先已把地灌好水，借當地農人家的鐵牛耕好地，並買好秧苗。他和我一樣是農家出身，這些事難不倒他。抵達後，他一個人去那塊地插秧，他太太和兩個孩子時不時去湊一下熱鬧。說是幫忙，其實不越幫越忙就很阿彌陀佛了。反正目的不在有否好收成，在休閒，在體驗，無所謂。我們其他人就在高地「耕作」。畫一塊地，作為菜園。我們在裡頭挖地，鬆土，築壟，種蕃薯、番麥（玉米）、芋頭、蘿蔔、大陸妹、草莓、花龍豆、小白菜、花椰菜、高麗菜等，所種可說「麻雀雖小，五臟俱全」，雜揉一氣。其他一大片地雜草叢生，則種肉桂樹、葡萄、仙桃、檸檬、芒果、柚子、番石榴、茶花等。

　　約在下午五點左右，我們就收工回家了。從新竹關西回到我們住的新莊和三重有一段路程呀！

　　此後，我沒再去搭理。我把他們去那裡，當成
是玩辦家家酒或休閒。不過他們也斷斷續續採回來
這菜摘回來那果的就是了。有一次倒也正正式式地
送來他們收成的稻米。

　　這次因為陰雨嚴寒太久，一聽他們要去，我樂
得去伸伸懶腰，吸吸新鮮空氣，曬曬太陽，便當起
「愛哭攔愛對（隨）路的囝子」了。

　　車子在田野山林間彎彎轉轉，一路前進。雖然
冬天未走，春天的氣息卻已相當濃。太陽光雖弱，
幸喜從薄雲端露臉，遍佈山林田野間，照耀得到處
光燦燦，增添陽氣。綠色從乾枯的枝頭蹦出來，探
頭探腦的。沿路看得到部分農田已經灌了水。有些
已被農人用鐵牛攪拌過。或遠或近，有白鷺鷥在田
裡討食。牠們白色的身影，或走動著，或短飛著。
天上有老鷹飛翔的影子，遠近也傳來許多鳥的鳴
唱，尤以五色鳥的鳴唱最搶「耳」。靠近惠惠他們
的地附近，農人撒播的秧苗正屈在網棚下猛吸收水
分和養分，醞釀成長動力，讓農人不久可以順利插
秧。越向前，越進入山裡。穿過掩映的樹林和山丘，
再通過那條窄小的短山徑，便到了。

　　中午，我們用石頭就地築灶，把帶來的食材放
進帶來的鍋裡，取來山泉水，當場煮飯菜，就在窄

小山徑上，藉著高丘擋一部分太陽，吃起午餐。——幸好這條窄小山徑是惠惠他們這塊地出入專用道，不礙交通，也幸好太陽不強，不必擋，雖已初春，太陽還是「冬天溫暖的太陽」！

　　沒幾下，孫子阿毅和孫女妍妍已吃完午餐，兩個人敏捷地沿著高丘的山壁爬上去又滑下來。他們父母理都不理。原來他們之前就這樣爬上滑下過，他們父母當然不會在意。內人蜜子和我則相當緊張。好怕他們會摔下來受傷。沒想到才一會兒，阿毅竟跑過來硬拉我加入。他才過三歲，卻比他讀國小三年級的姐姐機伶、活潑、好動。看他們玩得高興，而且沒什麼危險，我兒時的玩興也來了：參加！就這麼玩著，一會兒爬上，一會兒滑下，周而復始。我變成一個當年頑皮的「孤癖囝仔」，退休前一些老師嘴裡的「老頑童」了。歡笑聲和呼叫聲噴灑四方，把我的緊張趕走了，把前幾天的鬱卒和寒冷趕走了，把歡樂帶過來了。我們玩得他們去地裡工作了還不知道，直等到他們來說要回家了，才拖著疲累的身子，加入回家的行列。

　　想來今晚一定會有一個很好的「春眠」吧！

2014.08.28　更生日報副刊

靈敏的蟬

　　原先住在鄉間，從三個孩子在台北讀書起，我走台北的機會就增加了。他們三個，一個在台師大（現在台灣師大），一個在北師院（現在台北市立大學），一個在北一女，我到這幾個地方的機會當然最多。那時我發現了一個相當奇怪的現象，那就是吱吱蟬鳴比鄉間多，比鄉間響亮，尤其是北師院和北一女附近的愛國西路、中山南路、重慶南路、貴陽街甚至博愛路等，吱吱鳴叫不絕。

　　住在南部鄉間，我對這現象一直沒察覺到；從這一發現起，我便一直奇怪，一直想找出其中道理。直到我二十幾年前遷居新莊，還是在奇怪，還是在找其中的道理。後來偶然重讀我一九八七年在自立晚報副刊發表的散文〈面對這片寂靜〉（已收入拙作散文集《走過廊仔溝》），和當下的情況相對照，才猛然頓悟，原來答案早就在那裡。

　　台灣鄉間現在哪裡去找以前的景象？

甘蔗田和稻田已經不多了。耕田的水牛已是稀有動物，鋤、犁、耙、篩、籮等農具同樣少見，摔桶和機器桶（兩者都是早年稻子收割時的脫穀機具）幾乎不見。庭院夜晚的熱鬧逸失了。雞、鴨、豬、羊等家禽家畜幾乎難以見到了。河流不是乾涸就是汙染極為嚴重。苦楝樹很難碰到。鳥兒大量減少，魚蝦、青蛙也大量減少。蝴蝶、蜻蜓、草蜢只偶爾出來點綴一下風景。螢火蟲要到專門培養的景點才看得到……蟬自然是少見的。這是何故？

歸諸時代的變遷吧！

是的。時間有的在前有的在後，拉著推著時代不停變遷，鄉村人口漸漸向都市流動，工商漸漸取代農業，科技大量取代人力……這些現象，對我們其實是一則以喜一則以憂的，喜的是它的「正作用」──造福大眾，憂的是它的副作用──危害大眾。為什麼鄉村人口漸漸向都市流動呢？這是「喜」和「憂」兩股力量共同造就的結果。

都說都市好生活，因為交通便利，人口多，熱鬧，賺錢容易，各項建設較完備。其實這只是其中一個原因，從鄉間的觀點來看，是鄉間已經寥落，沒有好找生活的資源，很多空戶，住的人很多是「日本製」的老人，另一個大原因是鄉間的汙染恐怕比都市嚴重。後者可以

說是最關鍵因素。鄉間現在和以前不同了。單單農藥就不一定可使人安居過日子。自己家不噴農藥或可自己作主，但別人家噴，噴得到處是農藥味，隨風而來，無孔不入，誰躲得掉？圍起來不讓毒氣進來？不可能！尤其用水汙染得嚴重到極點，譬如我的原鄉潮州近年就發現水中重金屬含量超標，住鄉間可以過田園生活嗎？這樣的鄉下怎會是好居處？我在那篇散文中曾寫道：

　　若是陶淵明活在現代台灣，他會沒有一塊田園可以隱居；若是梭羅活在現代台灣，他會找不到一處湖濱可以隱居。

　　蟬最是靈敏了，知道避開鄉間不住，移居都市，難道自稱「萬物之靈」的人類卻不如牠們有知覺嗎？如何反轉鄉村人口向都市流動，引導工商和科技的「憂」回歸到「喜」，恐怕要從最基本的環境保護開始做起，防制汙染是最關鍵的工作，如能配合增加交通和基礎建設與醫療和教育等設施，或許更為有效；否則空喊城鄉均衡發展，只是口號吧，於事何補？

2015.01.05　人間福報副刊

危機？轉機

　　俗話說：「小厄克大難。」又說：「危機即轉機。」也常聽說：「否極泰來。」是嗎？

　　對我來說，我的危機是二〇〇幾年那段日子，也就是二十一世紀開始的時候。首先是患眩暈症，開始給醫生看時，只開了藥，服後是好了，但沒一個禮拜就又復發；最後經小姨子玉香報知，台灣唯有郵政醫院開了個眩暈科，有個楊醫師，是全台灣最權威的。去給看了後，好了；約五年後又發，再去找他看。好了。直到現在情況都很好。但將來如何？不可得知。將來的事，誰能預知？不過那次的復發是經過約五年了，而我一直不停打電腦，當然復發是非常可能的。老文友作家湯為伯當兵時專長是通信，打密碼鍵盤很在行，電腦應該很快就可學好，卻一直不敢學，怕的是一打電腦眩暈就來。

　　就在那時不久，我到青藏高原旅遊，因地處偏遠，住家稀落，沒廁所，到沱沱河時，司機臨時路邊停車，要大家「男左女右」，就地解決。我想靠路邊一點比較

可以避開視線，沒想到那路邊的土地是鬆的，一時沒察覺，滑落到一層樓多深的路邊澗谷裡，額頭受傷流血，幸好司機下去把我背起。那時我還昏迷不醒，據說開了一個多小時的車，才找到一家小診所。據說診所醫師告知，當地空氣稀薄乾淨，不會感染，習慣不消毒，沒消毒就用像以前縫布袋（麻袋）那麼大的針縫了十二針，隨便包紮一下，便住進拉薩人民醫院；但因空氣稀薄，仍眩暈不止。那裡的人說，離開西藏眩暈就會好，連醫師都這麼說，我轉到成都大學附屬的華西醫院，眩暈症狀真的好了，等飛回台灣，然後拆線。

　　這是第二次比較大的災厄。其實那段時日我便一直不平靜，總覺得不舒服，人懶懶的，怠倦而外，似乎每天都病懨懨的，走路走得後腳跟像沒肉墊，骨頭直接著地，疼痛不已，以頻尿最為嚴重，成為醫院的常客；後來竟然有那麼一天，發高燒到三十九度，血壓衝高到舒張壓一百九十，經診察，原來是攝護腺增生在作怪，只好聽醫生的建議，進行攝護腺手術。沒想到我碰到的是一個「蒙古大夫」，半年後還要我回診，他還拿著超音波片子，指著一大片沒刮到的增生物，睜眼說瞎話：「那是死角，刮不到。」要我再手術一次，用雷射比較好。有人說，他是故意的，為了賺手術獎金，好些人都落入他的圈套，尤其曾和我一起在長青活動中心打桌球的蔡

先生，每次說起便說得咬牙切齒，那樣子只能用「恨得牙癢癢的」來形容。對這，我不瞭解，不願作評。既然這樣，我只好掉轉頭向台北榮總求救了。結果從進手術室到出院，前後只兩天，醫師要我回診一次就好，我因第一次手術的夢魘未除，多去了一次，他竟給我臉色看。此後，我依醫師的話，多喝水，加上其他的保健措施及適當的運動，身體便明顯好起來了。

　　時光荏苒，此時已是二○○九年了，我正好度過了七十歲。內子先前便常說，人的命裡，六十九歲是一次大厄，常碰到災厄，能度過就好了。我一直不信；現在她的話卻有些「臭尿破（尿騷）味」了。可是真的這樣嗎？我還是不信的。機器用久了，台語所謂萎去（磨損）難免，需修理，甚至大修一次；人活久了，也是磨損難免，需修理，甚至大修一次。這很合情合理。我倒認為，最重要的是，切實檢討，記取教訓，心存感恩，保護好自己，認真生活，過快樂的日子，不拖累家人，好好走完最後這一段路，其他不必計較，就說交給造物吧！這才能體現「危機即轉機」，才能「小厄克大難」，「否極泰來」。

2015.02.05　更生日報副刊

那片向日葵花海

　　新聞報導，台中新社花海節又在今天開始了。這讓我又想起了去年前往參觀時碰到的那一片向日葵花海。

　　去（2013）年 12 月 6 日，我參加新莊愛鄉協會舉辦的賞花旅遊，前往參觀該項花海節。雖然當時該項花海節再過兩天就結束，我們等同去給收工，很多花已有氣無力，甚至奄奄一息，似乎沒什麼看頭了；但是向日葵卻很有精神，一株株挺立著，迎向太陽的方向，在微風中，不時搖曳生姿，形成一片向日葵花海，予我印象很深，每有觸發，影像便又縈繞心中。

　　那天，天氣陰涼，沒下雨，光線還不錯，很適合出遊。我們的遊覽車到達附近大路旁，就把我們「放鴿子」，讓我們直接沿著小路走進去。

　　最先看到的是高粱田，然後是攤位，然後是各處的花展區。其中最引我注目的是那片向日葵花海。我之前曾經看過向日葵，最靠近的是有一年在士林官邸花展時，但不多；這次看的最接近，而且一大片，甚至走進

花田裡，和它們合照。

　　向日葵，又稱太陽花、日輪草，學名 Sunflower，為菊科向日葵屬，通常以播種法繁殖，全年都可以播種，以春、秋兩季最好。種時，把土壤打碎，把種子埋入約 2 公分深的土中，要經常澆水，以免土壤過分乾燥，約 5 到 7 天就萌芽。此後，土壤要保持適當水分，但不可積水；成株單幹直上，葉闊而厚，有點深綠，只要日照充足，它們就會長得好。在花苞出現時，要增加給水。其花為大型頭狀花序，巨大的花朵長在粗壯的莖幹頂端，每朵花的直徑約 15~30 公分。花的外圍是純黃色的蛇狀花瓣，只有雌蕊，中間則由無數筒狀花聚集而成，每個筒狀花中有 5 枚雄蕊和 1 枚雌蕊，成熟後會結出灰色或黑色稍扁的矩卵形或橢圓形瘦果，瘦果成熟了，整個頭狀花就會向下低垂，採收了就成葵瓜子。

　　向日葵最吸引人的地方是，開花以後，整朵花面向太陽，跟著太陽由東往西轉動，直盯著太陽。這有一個希臘傳說神話故事：一位水澤女神，名叫克莉提兒，深深愛上了太陽神阿波羅；可是阿波羅不喜歡她，對她不理不睬。她還是不死心，只要太陽一出來，她就目不轉睛地盯著太陽看，持續了 9 天 9 夜後，她的手腳就漸漸變成了根鬚，伸向地下，她的臉就變成了朝著太陽轉動的明媚的向日葵花。多感人呀！很多人喜愛向日葵，不

乏是受這故事的影響。荷蘭畫家梵谷則是喜愛到將近瘋狂的地步。他畫一系列的向日葵靜物畫，成為世界畫壇佳話，作品除被他的朋友保羅‧高更拿去掛在他的牆壁外，有不少被收藏於世界各地美術館裡，如英國倫敦的英國國家美術館、德國慕尼黑美術館、日本東京損保東鄉青兒美術館等，當然也被許多人士搶著買，1987 年 3 月，曾任安田火災海上保險代表取締役的日人後藤康男，就在倫敦佳士得拍賣公司主持的拍賣會上，以 39,921,750 美元高價買得他的畫【花瓶裡的 15 朵向日葵】。可見他畫的向日葵多麼迷人。其實他本身就是向日葵迷，才會畫出那麼迷人的畫。一個人要想成功就要入迷呀！他甚至說向日葵是屬於他的花。他曾在給他弟弟費奧的信中寫道：「可以說，向日葵是屬於我的花。」

　　我和梵谷不同。我是可蘭經裡所說「如果山不來便走向山」的。那天我就這樣做了。我走進那片向日葵花海，融入其中，成了一朵向日葵：

　　光照‧向日葵
——2013 年 12 月 6 日參觀新社花海展身入向日葵花間

　　　一朵，兩朵，三朵，四朵……
　　　十朵，百朵，千朵，萬朵……
　　　向日葵

在那花田裡
在那宇宙間
接受太陽的光照
吸取太陽的光照
然後反射出太陽的光照
燦亮，逼人的眼

我是其中一朵
最大的向日葵
傍著
一朵，兩朵，三朵，四朵……
十朵，百朵，千朵，萬朵……
在那花田裡
在那宇宙間
接受太陽的光照
吸取太陽的光照
反射出太陽的光照……

　　是的，我深深被那片向日葵花海吸引了。但願我是
那片花海中的一朵，永遠愛光明，永遠面向光明，也放
出光明，照耀全宇宙，讓全宇宙沒有黑暗，遍處為光明
所照耀，亮著光明……。

2014.11.08　新莊
2015.03.11　更生日報副刊

茶油出頭天了

茶油曾經被一些黑暗力量壓制，幸好沒被壓死，現在終於出頭天了。

早年，我還是小孩的時候，每年隔一段時間，賣雜細的總會騎著單車，載著「雜細」，搖著貨郎鼓，前來村子。村人知道便圍了過去。小孩想的是大人買些什麼零食給他們解饞，大人則想買些什麼日用雜貨。我印象最深的是婦人家買茶仔油。茶仔油作什麼用呢？那時她們是在梳頭髮時用來潤頭髮！就這樣，茶仔油是供婦人家梳頭用的這一個刻板印象，根深柢固地種植在我的心田裡了。當然和我同一年齡層同一背景的人都和我同樣有這印象。即使後來市場上出售茶油，供人烹調吃食，我們這些人尤其主廚的婦人家，當然不會去食去用，更何況當時出售的茶油被稱為苦茶油？苦茶油其實不苦；但一個苦字嚇得大部分人不敢輕嚐，連後來想賺這一商品錢的製造商都只用茶油為名，剔去惹人厭的苦字。當時家家戶戶用的是豬油。這就是茶油被壓制的第

一個黑暗時期。那該稱之為印象災難吧！至少我是這麼認定的。然後，更大的被黑暗壓制時期來了。那就是食品業者製造出了替代食用油。這陣黑暗時期更是來勢洶洶，以秋風掃落葉之姿，幾乎連豬油也被一竿子掃淨。沒辦法！食品業者太厲害了。他們有的是錢，撒錢去登廣告，把死的都可以說成活的。那些廣告挾著更黑的黑暗而來，從報紙聲勢浩大地來，從廣播聲勢浩大地來，從電視聲勢浩大地來，甚至從電腦聲勢浩大地來……於是替代食用油氾濫成災了。什麼葵花油啦，什麼橄欖油啦，什麼葡萄籽油啦，還有誇大其辭地宣傳說他們的油裡含有 Omega3 呢。當然茶油又被壓制了。商人何止無祖國而已?奸商還沒良心咧！

　　沒想到，偽油事件一爆發，把大家震醒了。原來那些被說得天花亂墜的替代食用油有不少是偽油，成份或是不純的，或是有害健康的，譬如摻水、摻棉籽油等，最近發生的餿油事件更叫人驚心。誰拿錢去買替代食用油，來毀損自己的身體健康，戕害自己呢？誰想變成豬去食用餿油更毀損自己的身體健康呢？回到古早時候吧！馬上換油！茶油最自然，最不偽，最上相，被爭相搶購了。市場上的反應很敏感，假油事件一爆發，街頭巷尾也出現了賣茶油的臨時攤販和招攬擠茶油的廣播宣傳車，價格當然也上蹦。哦，茶油終於出頭天了。

　　其實，茶油就不會有偽油嗎？

　　大約五、六年前，我就發覺替代食用油可能有問題，思考研究使用茶油。剛好一個住龜山來家裡跟女兒靜靜學鋼琴的女生，家裡種有幾棵自用擠油的茶樹，曾帶了幾瓶自擠的茶油來試用，覺得相當不錯，乃前往參觀，獲知不少關於茶樹和茶油的知識。原來茶樹是常綠小喬木，小枝略具茸毛，單葉互生，葉面中肋有茸毛，葉脈僅中肋明顯，葉柄佈茸毛，葉長約 4~9 公分，寬約 2~4 公分，春冬開花，花序單頂叢生，花冠直徑約 5~8 公分，5 片單瓣，花白色，蒴果球形，果色紅褐，表面覆茸毛，種子富含植物皂素和維他命 E，擠出來的就是茶油，乃天然抗氧化劑，有利濕、滋陰、固腸胃等功能，炒菜、炒肉、拌飯、拌麵、和藥養身、炒腰子，都好，煮茶油雞更是孕婦月內（做月子）最佳補品，一大好處是沒有麻油雞那麼燥熱。但進一步研究的結果，茶油還是有可能成分欠佳或被摻雜其他成分，譬如市售的往往摻其他較便宜的植物油。幾個有這意識的朋友探聽到林口有擠茶油的工廠，他們專門種植，可以當場選籽，當場秤重，當場議價，當場放進他們的機器擠油，他們備有玻璃瓶，讓人當場裝瓶，然後攜回使用。這最好了。幾個人便一起前往，合夥擠油。每年約秋末冬初去擠一次油。這擠法製油，既不怕成分問題，油純粹又新鮮，

擠了後的糟粕還可攜回，作清潔用途，洗碗最適當，水管堵塞的問題更能一併解決。從這時起，我家就用這樣等於自製的茶油。

最近又發生更大的偽油事件，如餿水油等事件，除讓人聯想到像當年豬在吃餿水而外，毒性更強，尋茶油的人更多了，茶油更是一飛衝天。哦，茶油會成為天之嬌子嗎？不管會不會，最重要是，不要被黑心廠商所害，能吃食純淨的油，保住自己的健康。

2014.11.09　新莊
2015.07.29　更生日報副刊